なるにはBOOKS
教科と仕事

英語の時間

学校の学びを社会で活かせ!

松井大助　漆原次郎 著

ぺりかん社

英語の時間　目次

プロローグ

英語が好きな人、得意な人へ……8
英語が嫌いな人、苦手な人へ……10

1章 世界の舞台に立つ

INTERVIEW ダンサー……14
PICK UP 世界の舞台で輝くための英語……22
こんな仕事もある！ 海外遠征編 料理人・菓子職人／クリエータ ほか……26
10代の挑戦！ 海外遠征編……28

2章 旅する人の力になる

INTERVIEW 客室乗務員……30
PICK UP 人生を送るため、仕事をするための英語……38
こんな仕事もある！ 旅の力になる編 パイロット／グランドスタッフ ほか……42
10代の挑戦！ 旅の力になる編……44

3章 橋渡しをする

INTERVIEW 通訳者 …… 46

PICK UP 人と人の意思を通わせるための英語 …… 54

こんな仕事もある！ 橋渡し編 通訳案内士／通訳コーディネーター ほか …… 58

10代の挑戦！ 橋渡し編 …… 60

4章 ことばと向き合う

INTERVIEW 翻訳者 …… 62

PICK UP 原書のことばを訳して伝えるための英語 …… 70

こんな仕事もある！ ことばの探究編 作家／著作権エージェンシー勤務者 ほか …… 74

10代の挑戦！ ことばの探究編 …… 76

5章 国際協力をする

INTERVIEW JICA職員 …… 78

PICK UP 文化の異なる国同士で協力するための英語 …… 86

こんな仕事もある！　国際協力編　外交官／国連スタッフ　ほか……90
10代の挑戦！　国際協力編……92

6章　国をまたぐビジネスをする

INTERVIEW　商社社員……94
PICK UP　多国籍の人と商いをするための英語……102
こんな仕事もある！　国際ビジネス編　ＪＥＴＲＯ職員／貿易事務　ほか……106
10代の挑戦！　国際ビジネス編……108

7章　語学のサポートをする

INTERVIEW　英語教師……110
PICK UP　語学への興味や意欲を高める英語……118
こんな仕事もある！　語学サポート編　日本語教師／留学コーディネーター　ほか……122
10代の挑戦！　語学サポート編……124
あとがき……126

［装幀］図工室　［カバー・本文イラスト］山田タクヒロ　［39ページイラスト］raregraph 山本 州　［写真］松井大助・漆原次郎

本書に登場する方々の所属などは取材時のものです。

プロローグ

英語が好きな人、得意な人へ

英語を使いこなして道を切り拓《ひら》こう

あなたが英語に興味をもったきっかけや、好きになった理由はなんだろう？ 英語を話すこと・聞くこと・書くこと・読むことのうち、何がいちばん得意だと感じているだろう。

そのあなたのバックグラウンドや強みは、英語の勉強だけにとどまらず、社会に出てから「自分が力を発揮できるフィールド」とも結びついているかもしれない。

この本では、世の中のどんなところで、どういう人が、英語をどのように使って活《かっ》躍《やく》しているかを紹介《しょうかい》する。強くひかれる分野がないか探してみてほしい。

また、取材したみなさんから教わった、英語を使うときに意識したいものの見方・考え方にもふれていく。ぜひ参考にして、今以上に英語を使いこなしていこう。

■英語を使って実践《じっせん》できることは？

英語のスピーチ

英語による歌唱

英語による演技

話す

通訳

英語での
観光案内

知り合った
外国人との
オンライン
での会話

英語の歌詞で
書かれた音楽の鑑賞

英語音声の映画、
ドキュメンタリーなど

聞く

英語表現を
入れた
動画などの
コンテンツ制作

海外旅行

国際大会

国際協力

国際交流

英語音声・記述の
世界のニュース

英語記述・音声の
Web サイト

書く

海外の著名人や
作品への
メッセージの送信

英語論文の作成

知り合った
外国人との
メッセージや
手紙の交換《こうかん》

翻訳《ほんやく》

読む

英語の文学作品

英語の論文や
レポートで
情報収集

英語が嫌いな人、苦手な人へ

苦手意識を、自分の好きなことを起点に乗り越《こ》えていこう

今の世の中では、英語ができたほうが、ふれられる情報もアプローチできることも格段に増える。しかし、そんなことはとっくに承知のうえで、これまでのつまずきから、英語が苦手になっている人や、もはや嫌《きら》いになっている人もいるはずだ。

もしそうなら、「英語を勉強する」という感覚を思い切って一度かなぐり捨て、「自分の好きなことに英語を役立てる」ことから始めてみたらどうだろう？　それも「将来に役立てる」とイメージするのではなく「今現在、好きなことのために、英語で何かできるか」を具体的に考え、行動するのだ。

たとえば、自分の趣味《しゅみ》の世界で使われているカタカナ用語について、英語が語源のものがないか調べ、見つけたら和訳をチェックしてみよう。料理やファッション、釣《つ》

りや乗り物、球技や電子ゲームなど、さまざまな趣味《しゅみ》の世界ではブランド名や技の名前、ルールなどに、多くのカタカナ用語が使われている。その語源の和訳まで調べて理解を深めれば、趣味《しゅみ》の世界をより濃密《のうみつ》に楽しめるようになるかもしれない。

また、あなたのなかに何時間でも語れる「有名人」や「作品」が存在するなら、海外の評価にも目を向けてみよう。インターネットの検索《けんさく》サイトで人名や作品名をアルファベットで調べれば、英語で記述されたサイトや、英語で説明した動画が見つかる。自分と同じような感想があればうれしくなるし、違《ちが》う視点があればそれも新鮮《しんせん》で、日《に》本《ほん》にいる趣味《しゅみ》仲間との話題も広がる。

冒険《ぼうけん》や旅行が好きな人は、まずは足を延ばせる近場で、英語を話す人とコミュニケーションを取れるイベントや場所を探して飛び込《こ》もう。歌や文学、デザインなどの表現が好きな人は、自分の表現のなかに英単語を効果的に使えないか考えよう。

ほろ苦い体験の先に、楽しいことがある!?

もっとも、好きなことに英語を活かそうとしても、壁《かべ》にぶつかることはある。

「好きなことについて、英語で情報収集や発信ができたらたしかに楽しそうだけど、自分のレベルでは英語がよくわからず、結局うまくいかなかった」というように。

もしそんな傷心の状態になったとしても、そこからまた気力を取り戻《もど》してほしいので、もうひとつお伝えしたいことがある。

つぎの章からは、英語を使って活躍《かつやく》する人のインタビューをお届けしていくが、そうした人たちでさえ、英語をうまく使えずに落ち込《こ》んだ経験や、英語を使うのが怖《こわ》くなった経験をもっていることだ。そしてそれでも英語を使うことに挑《いど》み続けたのは、その先にこそ、自分の好きなフィールドで、楽しいことやうれしいこと、感動できることにふれられる、ということを実体験として知っていたからだ。

だからあなたも、小さなことからでいいので、自分の好きなことにひもづけて「英語で何かをつかみ取る」ことに挑《いど》んでほしい。その結果、心がはずむような体験を味わえたなら、英語に対するイメージはどう変化していくだろう？

苦手意識は簡単にはぬぐい去れないかもしれない。でも、英語の楽しい一面を知ることが、長い目でみれば、英語を自分のものにしていく突破口《とっぱこう》になるはずだ。

1章

世界の舞台に立つ

INTERVIEW

ダンサー

取材先提供
（以下同）

ダンスで競うことや魅せることに挑む

1

Miyu《みゆ》さん

８歳《さい》からダンスを始め、19歳《さい》のときに世界大会で優勝。ファッションモデルやSNS（ソーシャルネットワーキングサービス）で発信するクリエータもつとめ、民間人初の月周回プロジェクト「dearMoon」のバックアップクルーにも選ばれるなど、活躍《かつやく》の場を広げている。

10代で世界大会に挑《いど》んで

　フランスで毎年開かれる「JUSTE DEBOUT」は、ストリートダンスの世界大会だ。2人組のチームで参加し、各国で開かれた予選を勝ち抜《ぬ》いたチームが本大会に進む。Miyuさんは大学2年生のとき、ダンスの師匠《ししょう》であるHIROさんと組んで、ハウスという踊《おど》りのジャンルで大会に出場。現地フランスの予選から勝ち上がることをめざした。

　実はこのとき、Miyuさんはスランプだった。やる気はあるが結果が出ない。2カ月前にあったオランダの大会でも、予選落ちで終わっていたのだ。

　とはいえ「世界大会に向けて必死に練習し、できる準備は全部してきた」ので、緊張《きんちょう》や不安はなかった。体調もよかった。あとは「全力で楽しもう」と決めた。

　観客で埋《う》め尽《つ》くされた大会場。真ん中にあるステージで、鳴り響《ひび》く音楽に身をゆだね、リズムにのって足を交差したり蹴《け》り上げたりと、高速でステップを踏《ふ》む。激《はげ》しい動きなのに体の芯《しん》はぶれず、重力がなくなったような軽やかさ。師匠《ししょう》といっしょに踊《おど》るパートでは、息の合ったステップで観客を沸《わ》かせ、二人が素早い動きから一転して指先まで決めた格好でピタッと静止すると、会場は大歓声《だいかんせい》に包まれた。予選から決勝まで、審査《しんさ》員の全票を獲得《かくとく》し、相手に1票も与《あた》えず快勝。19歳《さい》で世界大会の頂点に立った。

世界レベルにふれて火がついた

Ｍｉｙｕさんがダンスを始めたのは、8歳《さい》のときだ。地元のお祭りで同世代のダンスに目を奪《うば》われ、「私もやりたい」と親に頼《たの》んだ。週1回のレッスンから始め、のめり込《こ》み、中学生になるころには毎日スタジオに通い、「世界一のダンサーになりたい」と夢《ゆめ》見るようになった。

はじめからうまかったわけではない。

「私はセンスがなくて、中学でもいちばん下のクラスから始め、同時期に加入した子たちがどんどん昇級《しょうきゅう》してもなかなか上がれませんでした。ただ、できなかったから、少しずつできるようになるのが楽しくて成長できたようにも思います」

高校1年生のときに、チェコで行われる国際大会に、師匠《ししょう》についていって、初参加。これがひとつの転機になる。

「今の力量で出るのは恥《は》ずかしいと思っていたけれど、『夢《ゆめ》があるなら行かないと』と親に言われ、出場したんです。当然、予選落ち。でも大会の規模やレベルの高さに衝撃《しょうげき》を受け、本選で踊《おど》る人を見

優勝した2017年のフランスの世界大会の舞台

るうちに『私もここに立ちたい』と心の底から思うようになりました。国も言語も違《ちが》う人たちと『いっしょに踊《おど》ればつながれる』ことも味わって。ダンスってすごいという発見がたくさんあったんです」

帰国後、目の色を変えてダンスに打ち込《こ》んだＭｉｙｕさんは、１年後に念願の本選に出場した。さらに数年後、フランスの世界大会で優勝を飾《かざ》るのだ。

未来の可能性を自分で広げる

優勝後も世界トップレベルで居続けるために鍛錬《たんれん》中のＭｉｙｕさんだが、目標を達成し、ある面では意識が変わった。

「ダンスってまだ社会的にあまり認められていないな、と気づき始めたんです」

ダンスの仕事には教える講師、振付《ふりつけ》師、バックダンサー、イベントのゲストなどがあり、Ｍｉｙｕさんも高校生のときから講師をつとめている。しかし歌手や芸人と比べると、メジャーな存在になれる道は少なく、話題性も、子どもからあこがれられる割合も、遠く及《およ》ばないのだ。

どうすればダンサーがもっと認められるようになるんだろう。Ｍｉｙｕさんは思案し、行動した。それまでは服のブランドに無頓着《むとんちゃく》だったのに、お洒落《しゃれ》な格好で踊《おど》ることを始め、動画をＳＮＳで発信。

「ダンサーとしてモデルもしたい」と積極的に口にして、ファッションや広告のフィールドで表現する仕事を開拓《かいたく》した。ＡＲ（拡張現実）などのテクノロジーを研究する人たちと創造的な作品にも挑《いど》んだ。国際大会にも引き続き出場し、結果を出し、ＳＮＳのフォロワーを世界中で獲得《かくとく》。日本語と英語の両方で発信してファンを増やし、海外のイベントにもゲストとして呼ばれるようになった。

夢《ゆめ》に向かう力を育てよう

そんなＭｉｙｕさんは、世界をめざす人に「大きな夢《ゆめ》でも不可能と思わず、ひ

「ダンスでパワーを届けたい」とMiyuさん。左は大会出場時のダンス

たすらその夢《ゆめ》を強く思って努力してみて」と伝えたいという。「挑《いど》めることから目標を立てて達成していくと、叶《かな》え方がわかってきて、夢《ゆめ》にも手が届くから」と。では本人の今の夢《ゆめ》はなんなのだろう。

「ダンサーが、俳優やミュージシャン、芸人といった方々と肩を並《なら》べられるようにすることです。そのためにも、まずは自分が『誰《だれ》もが知っているダンサー』になりたいです。自分のダンスや行動で、もっと多くの人に笑顔《えがお》やパワーを届けられるようになれたら、と思っています」

思い描《えが》いた夢《ゆめ》を、Ｍｉｙｕさんは今も一歩ずつ追いかけている。

Miyuさんの昔と今の学び

Q どんな子どもだった?

水泳やテニス、サッカー、一輪車といろいろ習ったけれどすぐにやめてしまっていて、ずっと続いたのがダンスでした。

Q 英語をどのように勉強していた?

中高生のときは単語帳でひたすら勉強。ダンサーとして海外に出てから、その勉強だけでは足りなかったと痛感しました。20代からはオンライン英会話などで「とにかく英語を話す」ことを練習。また、今も移動中は英語の動画や音楽にふれて「日常から英語を見聞きする」ことを大事にしています。

Q 好きだった教科や活動は?

ダンス一筋です（笑）。でも、学校のテストだけは毎回がんばったかな。目標や期限を決めて、自分のやることを書き出し、実行する。不器用なので小さなころからずっとそうしています。

Q 今は何をどう学んでいる?

ダンスと英語。それからSNSでの発信の仕方、モデルとしての撮《と》られ方、インタビューのときの話し方などを勉強しています。うまい人から学ぶほか、「まわりのみんなと違《ちが》う自分の強みは何か」を分析《ぶんせき》し、そこをどう打ち出すかを考えています。

ダンサーの専門性

Q どうすればなれる?

ダンサーとして実力が認められれば、10代でも講師やゲストダンサーになれる。肝心《かんじん》の実力の高め方については、Miyuさんは「楽しむこと、夢中《むちゅう》になることがいちばんの近道」と感じているそうだ。夢中《むちゅう》になると、自分から研究も練習もするからだ。「自分が下手《へた》でも、うまい人に勇気を出して近づき、踊《おど》り方から練習の仕方まで見て学ぶ」こともお勧《すす》めだという。

Q 何を勉強しておくとよい?

ダンスを教える立場や、ダンサーとしてメディアにも登場する立場になると、ものごとを「ことばで伝える」機会も増える。国語の勉強を通して、日本語もみがいておこう。

Q ほかに大切なことは?

ダンサーのわかりやすい成功モデルはない。仕事をどう開拓《かいたく》していくかも、自分をどう見せるかも、誰《だれ》よりも本人が考えないといけない。自己プロデュース能力を高めていこう。

めざせ、自分のレベルアップ!

楽しむ心	見て学ぶ	自己演出

PICK UP

世界の舞台で輝くための英語

才能で勝負していても、ことばでも伝えたくなる

ダンサーやスポーツ選手から、クリエータまで。本人の才覚で一カ国にとどまらず世界を股《また》にかけて活躍《かつやく》する人が目立ってきた今、「自分も世界でどこまで通用するか試してみたい」という野心をもつ人は増えているかもしれない。その舞台《ぶたい》できっと役立つのが、国際語である英語だ。英語が得意というよりは、「世界をめざすために英語を使いたい」という人に求められる基礎《きそ》の力を、ここでは考えてみよう。

根っこの部分として培《つちか》っておきたいのが、**英語で伝えたい自分の思い**だ。ダンサーのＭｉｙｕさんは、言語が違《ちが》う人とも「いっしょに踊《おど》れればつながれる」という感覚をもちながら、一方で学校では英語を真面目《まじめ》に勉強し、20歳《さい》からは英会話教室に3年間通い、その後もオンライン英会話で2年間、ほぼ毎日学んだという。

■ダンサーとしての英語の活用

話す・聞く	多国籍《たこくせき》のダンサーやクリエータとの交流 海外でのインタビューの受け答え 海外で教えるときのコミュニケーション
書く・読む	SNSにおける英文テキストの発信 外国人のファンのコメントの確認 国際プロジェクトの書類選考への応募《おうぼ》

「**英語ができないせいで『いろいろなチャンスを逃《のが》している』と感じることが**それだけあったんです。国際大会でインタビューを求められましたが、英語が話せなくて断ったことがありました。海外でダンスを教えるようになってからは、生徒さんに自分の言いたいことをくわしく正確に伝えられないのが、すごく悔《くや》しくて。**伝えたいことがあるから、英語の勉**強を続けることが今もできています」

自分なりの学び方を見つける

英語力にまだ自信がないうちから世界に打って出たなら、**自分なりの学び方が**

見つかるまで学び続けることも重要だ。Ｍｉｙｕさんの通った学校では、英語の勉強は読み書きが中心だったそう。だから海外に行き出した10代のころは、英会話はからきしダメだった。英会話教室に通い出しても、しばらくは手ごたえなし。それでもめげずに学び続けると、しだいに話すための学び方がわかってきたという。

「ダンスもそうですが、**コツがつかめてくるまでは、何を意識してどう学べばいいのか、自分にとっての正解がわからない**んですよね。英会話がすこしできるようになってから、私はこんなやり方を続けるとよさそうだ、というのが見えてきました」

Ｍｉｙｕさんにとって効果的だったのは、人の言った英語をそのまま真似《まね》て発声する「シャドーイング」。話す力も聞き取る力も高まる、と言われている。ただし、それも個人差があるし、うまくいかないこともある。ほかにもさまざまな学習方法があるだけに、しっくりとくる学び方を自分で見つけることがやはり鍵《かぎ》となる。

発展途上《とじょう》でも英語を使う場に飛び込《こ》む

英語を使う環境《かんきょう》に身を置く意志も鍛《きた》えよう。Ｍｉｙｕさんは「月周回プロジェク

インドでのワークショップにて

ト」という世界中から才能を募《つの》った活動に志願。100万人の応募《おうぼ》者からみごと選ばれ、自分以外は外国人メンバーの環《かん》境《きょう》に飛び込《こ》んだ。現場では「みんなが英語で意見をズバッと言うのに、私の英語力ではまだできなかった」そう。でも、それはある意味で望むところだった。

「基本はシャイなんですが、ダンスでも英語でも、うまい人には自分から近づくようにしているんです。『なんだこいつ』と思われても。うまい人からは多くのことを学べるし、意欲を見せてこそチャンスが舞《ま》い込《こ》みますから。学べる環境《かんきょう》に身を置くことは、すごく大事にしています」

海外遠征編

料理人・菓子《かし》職人

料理人のなかには、世界各地の料理や菓子《かし》を学ぶために海外で修業する人や、世界最高峰《さいこうほう》のレストランやホテルで働くことをめざす人もいる。また、日本料理や和菓子《わがし》を学んだ人が海外進出するケースも。現地のことばを覚えることも必要だが、国際語の英語ができるとコミュニケーションを取りやすくなる。

スポーツ選手

日本で活躍《かつやく》したあとで海外移籍《いせき》する選手から、10代から海外でプロをめざす人も。

ミュージシャン

海外巡業《じゅんぎょう》のほか、英語の歌詞で世界のヒットチャート上位をねらう人も。

eスポーツ選手

コンピュータゲームなど電子機器を使う競技で活躍《かつやく》。国を超《こ》えた活動になる。

俳優

ハリウッドやブロードウェイなど、世界的な舞台《ぶたい》で活《かつ》躍《やく》することをめざす人も。

こんな仕事もある!

クリエータ
演者として人を楽しませるのが得意なクリエータや、映像や音楽を組み合わせた作品をつくるクリエータなど、さまざまなタイプのクリエータがSNSや動画配信サイトで活躍《かつやく》し、世界にも発信している。変化が激《はげ》しく、定番の稼《かせ》ぎ方がまだ定まっていないだけに、自己プロデュースが大切。

コメディアン
アクションで笑いを取る人のほか、英語の話術で笑いを取ることに挑《いど》む人も。

芸術家
自分の作品を、オンライン含《ふく》めて国内外で発表。海外の作家とコラボする人も。

伝統芸能・伝統工芸
日本の伝統芸能や伝統工芸を受け継《つ》ぎ、海外にも広げようとしているケースも。

デザイナー
ファッション、グラフィック、Webなどのデザインで、世界の舞台《ぶたい》で勝負する。

10代の挑戦！ 海外遠征編

❶ 世界に挑《いど》んだ先輩《せんぱい》のことを調べる

自分が世界に挑《いど》みたいと思う分野で、これまでに先輩《せんぱい》たちがどんな奮闘《ふんとう》をしてきたか、インターネットや図書館で調べよう。その際は英語の面でどんな苦労があったかにもぜひ注目を。壁《かべ》の厚さを感じることもあるだろうけれど、先輩《せんぱい》たちのチャレンジ精神に勇気をもらえることもあるはずだ。

❷ 世界の舞台《ぶたい》に飛び込《こ》む

世界中から実力者が集まる舞台《ぶたい》に、可能なら参加しよう。または自分の目で観に行こう。遠征《えんせい》にはお金がかかるので簡単ではないが、何かチャンスがないか自分で調べ、周囲の大人にも相談してみよう。あなたは世界の舞台《ぶたい》で何を感じるだろう？

❸ 自分なりの英語学習法を考える

先輩《せんぱい》の奮闘《ふんとう》や遠征《えんせい》の経験を踏《ふ》まえ、自分のめざす世界では、英語の話す・聞く・書く・読むの技能のどれをよく使うか分析《ぶんせき》しよう。そのうえで、そこに重きを置いた学習方法を、できれば英語の先生などとも相談しながら考えよう。

2章

旅する人の力になる

INTERVIEW

客室乗務員

英語コミュニケーションで安全・快適な客室をつくる

2

ANA

土木田彩子《ときたさいこ》さん

海外の人と接したり、歌を深く聴《き》いたりするための言語としての英語に興味をもつ。獨協《どっきょう》大学外国語学部英語学科に入学。国際的な仕事を志し、全日本空輸《ぜんにっぽんくうゆ》（ANA）の客室乗務員（キャビンアテンダント・CA）になる。国際線のフライトも担当している。

手段の英語に興味を抱《いだ》き、学ぶ

ＡＮＡの客室乗務員（ＣＡ）で国際線も担当する土木田彩子さん。英語はかねてから興味の対象であるとともに、コミュニケーションの手段でもあった。

小学生のころ、アメリカから短期留学で来ていた友だちと親しくなる。日本語《にほんご》で話していたが、「英語ができたらもっと会話できるのに」と感じ、「手段としての英語」に興味をもち始めた。ディズニー・チャンネルのテレビドラマ「シークレット・アイドル ハンナ・モンタナ」も好きで、「英語の歌の意味を深く知ろうと歌詞を訳したりもしました」。

中学生や高校生のころは授業で英語を学ぶほか、複数の英会話学校にも通った。そして、国際的に教養を身につけたいと進路先として志したのが、獨協大学の外国語学部英語学科だ。推薦《すいせん》で合格するため英語コミュニケーション能力を評価する世界共通の試験ＴＯＥＩＣ《トーイック》で６００点が必要となり、ひたすら勉強。結果は７２５点。合格を果たした。

大学入学後も、「手段としての英語」を使った活動をさかんにする。日本を訪れた観光客に、観てまわりたいところなどを聞いて英語で案内する「ＴＯＫＹＯ

「FREE GUIDE」のボランティアをつとめた。上野《うえの》・浅草《あさくさ》・秋葉原《あきはばら》・三鷹《みたか》などを案内するなかで、「英語で話せること」とともに、日本文化などの「話せることがあること」の大切さも感じた。

海外体験では、イギリスにホームステイしたのを皮切りに、フィリピンで子どもを支援《しえん》する組織《そしき》のインターンシップに参加したり、オーストラリアで語学留学とワーキングホリデーをしたりした。

国際的な仕事としてCAを志す

「就職したら、国際的に働きたいと考えていました。そのひとつがCAだと思い、就職活動をするなかで私の本命になっていきました」

小学生のころからCAという職業について意識はしていたという。大学の入学説明会のときCA職が内定していた現役大学生が話していたのを思い出したりもした。就職活動を迎《むか》え、自分が働くことについてリアルに考え、いろいろな企《き》業《ぎょう》・職種にふれるなかで、CAの姿がはっきりしていった。

「CAになるため何かしたということはありません。これまでの人のためになることをしたいという気持ちを突《つ》きつめたら、CAが合っていたという感覚です」

巨大な航空機が土木田さんの仕事場だ　　取材先提供

ＡＮＡの最終面接を終え、家に帰ろうとしていたとき電話がかかってきた。「土木田さん、内定です」。直後に、自分のこれまでをすべて前向きに応援《おうえん》してくれた両親への感謝の気持ちがあふれた。

「両親に内定を伝えると本当に喜んでくれて。それで実感できました、ＣＡになれるんだ、と」

英語を使って安全・快適な旅を提供

ＡＮＡに入社すると、ＣＡとして働くための新人訓練を受ける。安全が何より優先されるという考えや、日常的な業務のしかた、それにイレギュラーなことが起きたときの対処のしかたなどを学ぶ。その後、先生役のCAに従いながら実際の客室乗務をするオン・ザ・ジョブ・トレーニング（OJT）訓練を受け、先輩《せんぱい》のCAからアドバイスをもらった。

いよいよ訓練でない客室乗務が始まった。初の国際線の担当は、羽田《はねだ》―ドイツ・フランクフルト便だった。その後、アメリカ・シカゴ便や、インド・デリー便などを担当している。

外国人や日本人の乗客と接するに当たり、やはりもっとも優先することが安全の確保だ。乗客に理解・協力してもらいながら、安全な旅の空間をつくり上げていく。土木田さんは、離陸《りりく》前と着陸前のシートベルト着用のお願いや、手荷物の足元収納などの確認を、外国人の乗客には英語で話しかけて行っている。

おもてなしで、乗客に快適な旅を提供するのもCAの大切な仕事だ。「ご旅行ですか、お仕事ですか」と英語で聞いて、その乗客が機内でどういう過ごし方をするかをうかがう。「最初のやり取りから、その方に合ったおもてなしを考えます」と土木田さん。食事を提供するときは、料理に合った飲みもののお勧《すす》めや、日本酒の風味の説明なども乗客にする。

羽田行きの国際線フライトで、外国人

これから搭乗する土木田さん

の乗客の手荷物に日本のアニメ・キャラクターのグッズがついているのに気づいた。英語で「このアニメ好きなんですか。私も見ているんですよ」と話しかけ、カードに「またお待ちしています」と書いて渡《わた》した。「外国の方がANAを使われるということは、日本に興味をおもちかもしれません。そうした方に、日本の旅を楽しんでいただけたらと思います」

土木田さんのつぎの目標は便のCA責任者・チーフパーサーになること。「チーフパーサーの重要な役割のひとつがアナウンスです。日本語と英語で的確に伝わりやすいアナウンスをしたいです」

土木田さんの昔と今の学び

Q どんな子どもだった?

かけっこ、球技、ゲーム、アニメが好きで、外でも家でもよく遊んでいました。

Q 英語をどのように勉強していた?

高校生のとき英会話学校に通っていましたが、外国人の先生たちと、いろいろなところに行き、話をしたりしました。その経験が、英語を使えるようになるための転機だったと思います。

海外の映画を観るにしても、子ども向けのやさしい内容からスタートして英語で理解できたら、つぎの映画にステップアップするようにしていました。

Q 好きだった教科や活動は?

英語はもちろん、図工や美術も好きでした。絵を描《か》いたり工作をしたりして、自分の作品が選ばれると、さらに好きになりました。部活動は中学生のときがバスケットボール部。あまりうまくありませんでしたが、部長をしました。

Q 今は何をどう学んでいる?

お客さまに対し、安全のためのお願いごとや提供できるサービスを英語でどう伝えるか。社内のネイティブスピーカーの方に聞くなどして追い求めています。英語力維持《いじ》のためオンライン英会話もやっていますよ。

客室乗務員の専門性

Q どうすればなれる?

まず、体調管理ができることは大切。国内線では一日数便、国際線では一日数時間以上の仕事。客室乗務は体力勝負だ。

英語力については TOEIC600点以上などの条件があったり、面接のとき英語で話しかけられたりすることも。専門学校で客室乗務のしかたや語学を学ぶ CA 志望者もいる。土木田さんのように、それまでの経験や熱意で CA になれる人もいる。

Q 何を勉強しておくとよい?

上記の通り英語を勉強しておくとよい。ほかに笑《え》顔《がお》などの表情のつくり方や、コミュニケーションの取り方や、身だしなみの心得などを身につけておくと、面接などでもプラスになる。

Q ほかに大切なことは?

どんな経験を積んできたかや、なぜ自分がＣＡとして働きたいのかといった、実績・考え方も重視される。

めざせ、自分のレベルアップ！

貢献する心　**気づかい**　**おもてなし**

PICK UP

人生を送るため、仕事をするための英語

「必要だから」学ぶ英語は、強い

あなたは、なぜ英語を学んでいるのだろう。英語が好きだから。試験科目だから。使いこなせるとカッコいいから……。いずれの理由もすばらしい。学びたくないから英語を学ばないという人よりはるかに前向きだ。

もうひとつ、「人生を送ったり仕事をしたりするときの手段になりうるから」という理由もあるだろう。そう考えて、今英語の勉強をがんばっているあなたはさらに幸運といえる。なぜならそれは、ほかの理由よりも、英語の習得に向いている理由だからだ。**「Aをするのに必要だからBをする」というときのBほど、必要さが感じられて身につきやすいものはない。**Aの必要度が高ければなおさらだ。

土木田さんにとっての英語は、まさに人生や仕事に必要な手段であり続けている。

■英語だけの環境《かんきょう》をつくる

海外からの友だちと話すための英語。歌詞の意味を知るための英語。海外で暮らすための英語。そして、客室乗務員として乗客たちとコミュニケーションを取るための英語。いずれも英語力がないと、叶《かな》わないか、豊かなものにならない。自分の人生や仕事において必要だから英語を学ぶ。これはシンプルだが、強い。

英語しか使えない環境《かんきょう》をつくる

はっきり言おう。**英語を習得するのに効果的な方法は、英語しか使えない環境《かんきょう》に身を置き続けることだ。**生きるためにことばを使わなければならず、使えることばは英語のみとなれば、生きていくために英語を習得するしかない。だから、**理想的なのは、英語圏《けん》で英語を話す人たちのなかで過ごすこと。**日本語に戻《もど》れる環境《かんきょう》がないほうがよい。土木田さんも経験したホームステイや留学は、英語をさらに身につけるという点でも効果的だっただろう。

ただし、英語しか使われていない土地で過ごさなければならないかというと、今の時代そんなことはない。英語を使う人とコミュニケーションが取れる環境《かんきょう》や、英語で情報を得る環境《かんきょう》は、日本にいてもつくることができる。英語を母国語とする人たちと知り合いになったり、インターネットで常に英語に接したり、あるいは自分の考えごとやメモなどをすべて英語にしたり。強い意志がいるかもしれない。けれども効果的であることに違《ちが》いない。

学んだことを使う経験を積もう!

「学校の学びを社会で活かせ!」ということの本で、あなたにこう伝えるのは申しわけないが、中学・高校で6年間にわたり英語を習い、よい成績だった人でも、英語を使

■ 必要だから英語を勉強

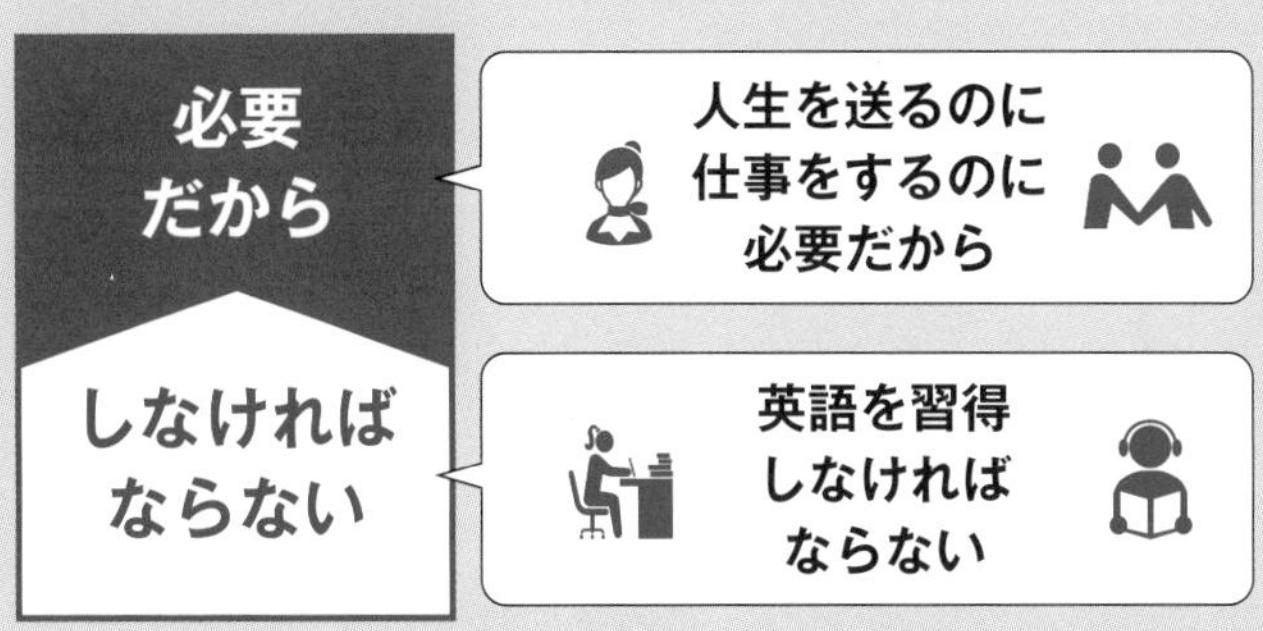
必要
だから
しなければ
ならない
人生を送るのに
仕事をするのに
必要だから
英語を習得
しなければ
ならない

いこなせていない大人はいる。残念ながらこれは事実だ。決して、学校の英語を学んでも意味がないと伝えたいのではない。英語を学んだのに使いこなせていない人には、何かが足りていない。

その「何か」とは、**「英語が必要だから使う」という経験の積みかさねに違《ちが》い**ない。学校で学んだ英語をも活かして、手段としての英語を使い続けることによってこそ、英語を習得できている自分の姿に近づくことができる。

ぜひ英語を学んでほしい。英語を必要とする場面で、その英語を使ってほしい。そして、それをずっと続けてほしい。

旅の力になる編

パイロット

航空機の操縦士。そのフライトの責任者でありチームの精神的な支柱となる機長と、機長の横にいて操縦やオペレーションを支える副操縦士からなる。機長には「定期運送用操縦士」、副操縦士には「事業用操縦士」という国家資格が必要。資格取得に向けたパイロット養成コースをもつ大学がわずかながらある。

航空管制官

航空機に安全な離着陸《りちゃくりく》や航行に必要な指示・情報提供をする。国土交通《こくどこうつう》省の職員。

ケータリングスタッフ

機内食をつくり航空機に載《の》せCAに引き継《つ》ぐ。航空企業《きぎょう》のグループ会社の社員など。

バスガイド

観光バスで案内や乗客の世話をする。外国人客が増えたため英語を使える機会も。

ホテルコンシェルジュ

ホテル利用客のさまざまな要望に応えるホテルスタッフ。外国人客と話す場面も多い。

こんな仕事もある!

グランドスタッフ

空港で航空機の乗客のため、搭乗《とうじょう》手続きや搭乗《とうじょう》案内などさまざまな業務を行う。おもに航空会社の社員。CAの仕事が「空での業務」であるのに対し、グランドスタッフの仕事は「地上業務」。航空会社によっては、グランドスタッフからCAになることも。客をおもてなしするという点で、CAの仕事と通じるところが多い。

ウエーター・ウエートレス

レストランやホテル宴会《えんかい》場などの外食産業において、接客の仕事を担当する。

テーマパークスタッフ

テーマパークで乗りものを運転したり、客の乗り降り誘導《ゆうどう》や安全確認を担当する。

マナー講師

仕事などのマナーを教育する。サービス業などの企業《きぎょう》の新入社員などに講習をする。

観光タクシー運転手

観光用のタクシーを運転し、利用客を観光案内する。地域によって認定制度がある。

10代の挑戦！ 旅の力になる編

❶ 相手への気づかいを心がける

仕事で大切なのが気づきや気づかい。乗客やチームスタッフのようすを観察して、気づいたことを本人に程よく伝えたり、気づかったりすることが、安全で快適なフライトにつながる。日々の暮らしの中で、接する相手に対する気づきや気づかいを心がけ、さりげなくアクションに移そう。

❷ 世界のさまざまな地域の英語にふれておく

接する相手の国籍《こくせき》はさまざま。乗客から発される英語のイントネーションも多様だ。Today の発音が「トゥデイ」でなく「トゥダーイ」だったり。世界にはいろいろな英語があるということを知り、できれば YouTube などで聞いておくとよいだろう。

❸ おもてなし・接遇《せつぐう》の体験をする

心を込《こ》めてお客などの相手と接することを「おもてなし」や「接遇《せつぐう》」という。高校生になればお客と接するアルバイトやボランティアの機会をもてる。はじめて接するお客に、自分なりのおもてなしをして、相手の反応を感じてみよう。

3章

橋渡しをする

INTERVIEW

通訳者

伝える喜びも苦しさも「楽しさ」につながる

3

神田雅晴《かんだまさはる》さん

高校生のとき通訳者を自分の将来の職業のひとつに考え、京都外国語《きょうとがいこくご》大学に入学。大学４年生のとき通訳者デビュー。卒業後、塾《じゅく》の英語講師を経てフリーランス通訳者に。その後、企業《きぎょう》の社内通訳者にもなる。日本会議通訳者協会《にほんかいぎつうやくしゃきょうかい》（JACI）の理事でもある。

通訳者を志し、師と出会う

ことばが異なる人たちの間に立ち、ことばを訳してコミュニケーションできるようにする人が通訳者だ。

神田雅晴さんは、みずからの英語通訳者の仕事に対し「楽しい」をくり返す。

「人をサポートすることが楽しい」

「新たな通訳の形式を経験できて楽しかった」

「ベストな訳し方を追い求めることが楽しくてしかたありません」

これほどの「楽しさ」は、ことばを使った仕事のおもしろさと、能力を高める生き方の喜びを、神田さんが感じているから得られるのだろう。

高校生のころ、将来、何ができるか考えた。ことばへの興味と、みずからの能力をかけ合わせる。浮《う》かんできたのは「通訳者」だった。大学の志望先として、通訳者になるための学びができるところを探した。そのひとつが、国際会議のテーブルや通訳ブースの施設《しせつ》がそろっている京都外国語大学だった。入学すると、通訳にかかわりのある授業をすべて取り、単位を得たあとも先生に頼《たの》んで授業を受けさせてもらった。同じ志《こころざし》の学生たちと、通訳の施設《しせつ》を使った勉強会を開いた。

大学の外にも飛び出した。名古屋外国《なごやがいこく》語《ご》大学が開いている「学生通訳コンテスト」に出ると、通訳デモンストレーションのため招かれていた柴原智幸《しばはらともゆき》さんに出会う。放送通訳者であり大学講師もつとめるエキスパートだ。「今も私の中で師《し》匠《しょう》です」と神田さんは言う。柴原さんの書いた本をすべて読み、講演や勉強会に夜行バスも使ってできるだけ参加するようにした。

ある日、神田さんが勉強会で通訳に挑《いど》んでいると、柴原さんからこう言われた。

「神田くんは、誰《だれ》に向かって訳しているんだろう」

このひと言に衝撃《しょうげき》を受けた。「それまで私は、自分が間違《まちが》わないように、きれいに訳せるようにとばかり考えていたからです。通訳で大切なのは、そうでなく人にことばが届くこと。自分でなく相手のための行為《こうい》なのだと気づきました。今も忘れないようにしています」

「今日もお願いしていいですか」

大学4年生のとき、お金をもらって通訳をする「プロデビュー」のチャンスを得た。インタースクールという通訳者を育てる専門学校で学んでいると、スタッフから「大阪《おおさか》での衣料の商談会で通訳を

表彰式にて通訳中の神田さん（右）　　京都外国語大学提供

してみないか」と声をかけられた。もちろん、受けないという選択肢《せんたくし》はない。あらかじめパンフレットで勉強をしたり、前日に会場を下見したりして、できる限りの準備をした。いざ本番。外国人の買い手と日本人の売り手のおたがいから、繊維《せんい》の柄《がら》について、採寸のしかたについて、貿易の条件について、業界用語がつぎつぎと出てくる。神田さんは必死に食らいついた。それとともに知識と経験のなさも思い知らされ、帰りの道をとぼとぼと歩いた。

　翌年、同じ商談会に行くと、声をかけられた。前年に通訳をした日本人からだ。

「神田さん。去年はありがとうございました。今日もお願いしていいですか」
神田さんの仕事ぶりを覚えていてくれたのだ。「泣きそうになりました。今もその場面を思い出します」と言うと、神田さんはことばを詰《つ》まらせた。

100点がないからこその楽しさ

大学を卒業すると、塾《じゅく》の英語講師をつとめながら、フリーランスの通訳者として依頼《いらい》を受けた。すこしずつ通訳の仕事が増えていく。さらに神田さんは会社に就職し、その会社の事業のために通訳をする社内通訳者にもなった。一期一会で人と人をつなぐフリーランス通訳者と、企業《きぎょう》のブランドイメージなどを考えてことばを選ぶ社内通訳者の両方を経験している。

「通訳のしかたに100点はありません」と神田さんは言う。そして「感じている楽しさは、そこにもあります」と続ける。

「たとえば、ある日、会社を経営する人が、その月の売上について、〝Oh my, last weekend's sales really ……〟ということばと身振りで、平日の売上が優れなかったものの週末は好調でなんとかなったと伝えてきました。それに対して身振りに合わせて『首の皮一枚でつながりました

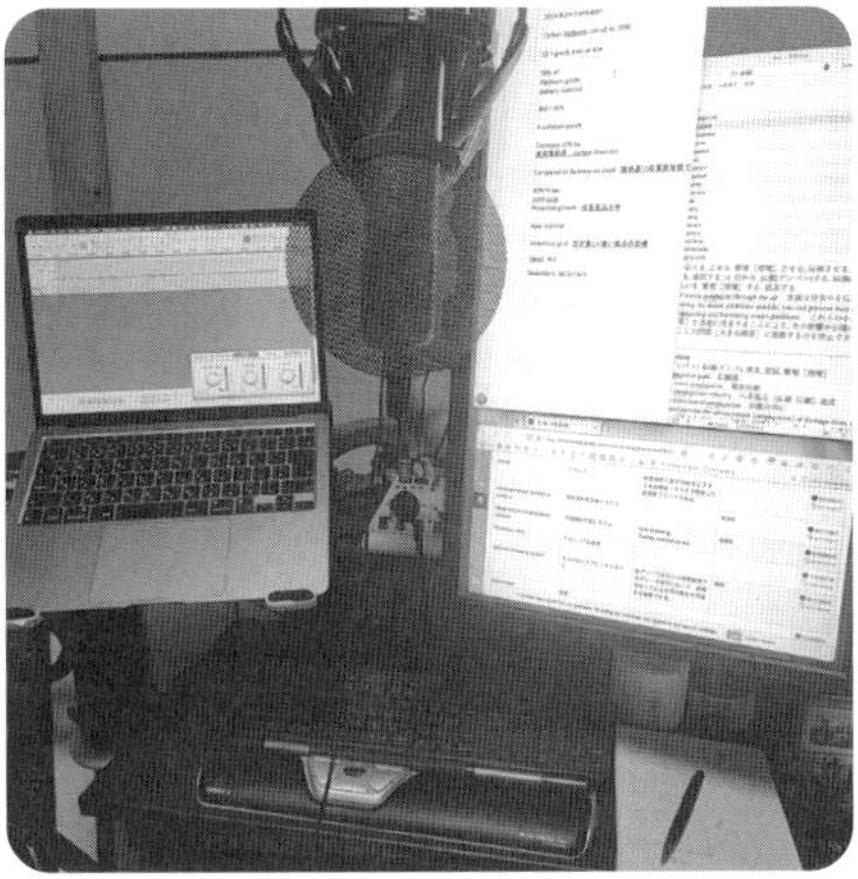

会議通訳のときにはこのような機器を使う　取材先提供（以下同）

ね』と訳せました。その場にぴったりなことばを見つけられるとうれしくなります」

「日本」に対してかならず「Japan」と訳すといった「一対一」の訳がある。だが、人・時・場所・文脈などによって表現のしかたが異なってくる「一対たくさん」の訳も数多くある。「たくさん」の訳があることに、神田さんは通訳という仕事の無限の広がりを感じている。

「ぜひ、新しい時代に仕事を始めるみなさんと、通訳の仕事をいっしょにできればと思っています。みなさんからも、たくさんの訳し方を学ぶことを、楽しみにしています」

神田さんの昔と今の学び

Q どんな子どもだった?

自分の好きなことばかりしていました。好きなことはずっとやっていても飽《あ》きない。今の通訳もそのひとつだと思います。

Q 英語をどのように勉強していた?

教科書や問題集などに書かれている英文をたくさん読みました。そこに書かれてある文章は、伝えたいことを伝えるためのロジックがしっかりしたもの。自分が英語で伝えたいことを伝えるための「ひな型」になっていると思います。

Q 好きだった教科や活動は?

英語や国語などの、ことばを学ぶ授業が好きでしたね。

クラブ活動では、学校新聞の記事をつくっていました。部員に記事を見せると「オチが弱い」とダメ出しをもらうことも(笑)。自分のつくった記事に、感想を言ってもらったり批判されたりしたのは、自分の表現をよりよいものにするためのフィードバックを受けたようなもの。ことばを使っていくという点でよい経験だったと思います。

Q 今は何をどう学んでいる?

通訳の対象となる業界の知識を得ています。通訳の基本的な練習もしています。

通訳者の専門性

Q どうすればなれる?

能力としては、人が話すことの内容を、時間を置かずに別の言語で表すことができればなれる。キャリアとしては、通訳者を人材として派遣《はけん》する通訳エージェントとよばれる企業《きぎょう》が行っている通訳養成スクールに通うなかで通訳の力を認められて、「仕事で通訳をしてみないか」と誘《さそ》いを受けるケースが多い。

Q 何を勉強しておくとよい?

英語などの外国語、それに日本語の、リスニングとスピーキングの勉強は必須《ひっす》。英語を聞きながらそれをまねして発音する「シャドーイング」の練習をする人は多い。また、英語（または日本語）の単語や文を聞いたら、即座《そくざ》に日本語（または英語）を口に出すようにする「クイックレスポンス」の練習も。

Q ほかに大切なことは?

集中力をもって、相手の話を理解することが大切。とくに、話し手のことばをほぼ同時に通訳する同時通訳においては。

めざせ、自分のレベルアップ!

聞く力　**話す力**　**集中力**

人と人の意思を通わせるための英語

耳に入れ、脳で処理し、口に出す

通訳者がいないと人と人のコミュニケーションがなりたたない場面は、世界のどの時代にもどの地域にもあり続けた。今も、すべての人が外国語を得意としているわけではないので、人の意思の橋《はし》渡《わた》しをする通訳者は大切な存在だ。

英語を使いこなす仕事のなかでも、通訳者はとりわけ専門性の高いものといえる。なぜなら、**英語と日本語という異なる二つの言語を、その時・その場で頭に入れたり口から出したりする**という、ほかの場面では使われない技術が求められるからだ。

通訳のしかたは大きく四つ。国際会議や放送などのため通訳ブースという個室に入り、音声を聞きながら、話し手の話とほぼ同じタイミングで訳する「同時通訳」。話を区切りのよいところまで受けとめたうえで訳する「逐次《ちくじ》通訳」。一人の相手の耳元

■通訳の頭の中でのプロセス

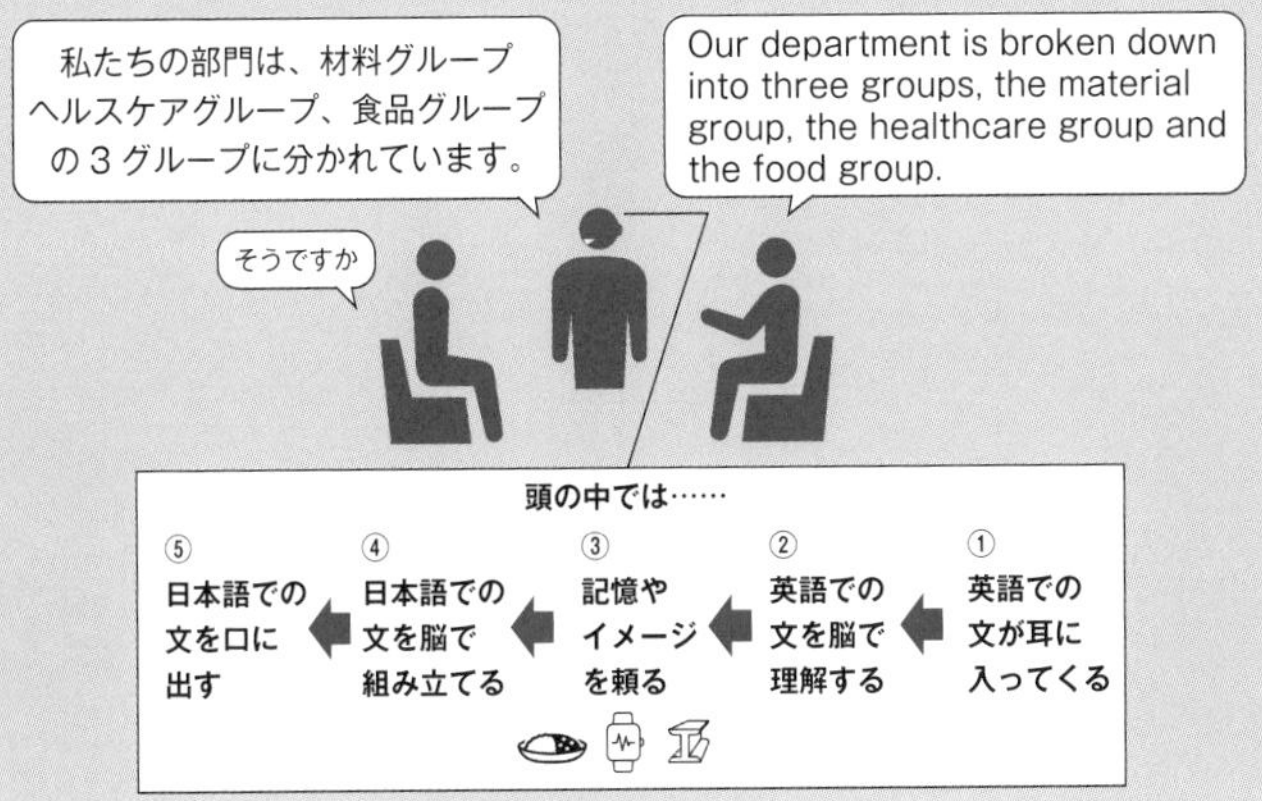
私たちの部門は、材料グループ
ヘルスケアグループ、食品グループ
の３グループに分かれています。
Our department is broken down into three groups, the material group, the healthcare group and the food group.
そうですか
頭の中では……
①英語での文が耳に入ってくる
②英語での文を脳で理解する
③記憶やイメージを頼る
④日本語での文を脳で組み立てる
⑤日本語での文を口に出す

でささやくように訳す「ウィスパリング通訳」。それに、オンラインで同時や逐《ちく》次《じ》に訳す「リモート通訳」だ。これらすべてを引き受ける通訳者もいれば、一部のみを引き受ける通訳者もいる。

いずれにも通じるのは、「耳で入れた英語（または日本語）の内容を脳で理解し、みずからの記憶《きおく》やイメージにも頼《たよ》りつつ、日本語（または英語）にして口から発する」というプロセスだ。**「聞く力」と「話す力」が強く求められる。**

中学・高校によっては、英語の授業でリスニングやスピーキングに力を入れている学校もあるだろう。通訳では、英語で（日本語でも）何を言っているか聞き取り、英語で（日本語でも）話して伝えなければならないので、これらの授業は通訳者になるための土台となる。ただし、**リーディングやライティング、文法などの授業も、英語の語彙《ごい》、文のつくり、話し方などの力を高めることになる**から、通訳者の仕事に関係ないとはならない。

「聞く」「話す」を土台に練習を重ねる

英語が母語である人は別として、英語を聞くこと・話すことが得意な人も苦手な人もいる。その分かれ目はどこにあるのだろう。

「聞く」については、単語を知っている、文法の知識がある、発音のしかたをつかんでいる、英語を英語でわかるといったことが合わさって「聞く力」になるとされる。

一方、「話す」については、これらに加え、文の型をたくさん身につけていることなども合わさり「話す力」となる。中学・高校での英語の学びは、どちらかというと「単語を覚える」「文法を学ぶ」のようにそれぞれの力に特化したものになりがち。だが、通訳者に求められるのは総合力だ。総合力を養うには、英語の映画や番組などの

神田さんが通訳の練習などに使っている参考書

音声をたくさん聞いて英語のままわかろうとしたり、英語をたくさん口に出して伝えたいことを伝えようとすること。**リアルに英語を使うときの経験をできるだけ積み重ねることが大切**になる。

　通訳者になろうとする人はさらに専門学校などでトレーニングを積む。**英語を聞きながら、それを真似《まね》して発音する「シャドーイング」**はそのひとつ。耳で聞いて口で話すことになるのでよい練習となる。ほかに、**英語を聞いて内容を要約して話す「サマライジング」**や、**聞いた単語をすぐに声に出して訳す「クイックレスポンス」**といった練習もある。

橋渡し編

通訳案内士

お金をもらって外国人の旅行者を案内する職業。国家資格として「全国通訳案内士」があり、筆記・口述の試験に合格すると登録される。また、地方自治体が設けている「地域通訳案内士」があり、TOEICなどで一定の語学力があると認められた人が、自治体の研修などを経て、地域通訳案内士になることができる。

通訳エージェント勤務者

通訳と通訳を必要とする人を仲介《ちゅうかい》する通訳エージェントとよばれる企業《きぎょう》で働く。

海外旅行添乗《てんじょう》員

ツアーコンダクターとも。団体の海外旅行に同行し、旅行が円滑《えんかつ》になるよう案内する。

エスコート通訳

外国から日本にきたアーティストやプロスポーツ選手につきそい、通訳を行う。

コミュニティ通訳

日本語を使うことができない市民たちが支障なく暮らせるように通訳を行う。

こんな仕事もある!

通訳コーディネーター

通訳を必要とする企業《きぎょう》や個人の依頼《いらい》者と通訳者の間に立って、円滑《えんかつ》に通訳が行われるようにする。通訳が行われる前に、依頼《いらい》者が通訳者に求めていることを聞いたり、必要な資料を受け取ったり、通訳がスムーズに行われるための準備をする。通訳が行われたあとも、依頼《いらい》者に問題なく通訳が行われたかなどを確認する。

手話通訳者

聴覚《ちょうかく》障害のある人とない人の間で、手話を使ってコミュニケーションの仲立ちをする。

海外リポーター

海外で起きていることを現地の人などに取材し、メディアなどを通じて伝える。

多言語コールセンターオペレーター

外国人からかかってくる電話を受け、オペレーターとしての対応を行う。

通訳マシン開発者

通訳のはたらきをするソフトウエアやハードウエアを開発する。情報技術力が必要。

10代の挑戦！ 橋渡し編

❶ 通訳が活躍《かつやく》しているシーンによくふれておく

YouTubeなどには、プロの通訳者が活躍《かつやく》しているシーンの動画がある。その通訳者が誰《だれ》のほうを向いて、何をしているかよく観察してみよう。ただ訳しているだけでなく、コミュニケーションが円滑《えんかつ》に進むためにさまざまな工夫をしているとわかるはず。

❷ 通訳をめざす中高生のための講座を受ける

プロの通訳者が若い人たちに向けて通訳の仕事がどんなものか紹介《しょうかい》する公開講座が、オンライン形式や直接対面形式で開かれている。参加しよう。できれば講師や受講者たちにあいさつして、自分のことを知ってもらおう。通訳者の仕事は「人の紹《しょう》介《かい》」で得られることが多いから、同じ仕事を志す知り合いが多いことはとても大切となる。

❸ 通訳体験をする

高校生になると、みずから通訳を体験できる機会を多く得られる。大学などが通訳や通訳ボランティアを体験できるイベント的な講座を開いているので、そうした講座を受けてみよう。講師からのアドバイスも得られるはず。

4章 ことばと向き合う

INTERVIEW

翻訳者

本にプラスが生まれる
そんな仲介者でありたい

4

小《こ》林《ばやし》玲《れい》子《こ》さん

本を読んだり文を書いたりすることが好きで、国際基督教《こくさいキリストきょう》大学で文学を専攻《せんこう》しつつ、さまざまな分野のことを学ぶ。早稲田《わせだ》大学大学院で英文学を研究。この時期から翻訳《ほんやく》の仕事を受け、今はフリーランス翻訳《ほんやく》者として多くの本を訳している。

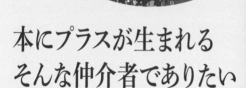

「翻《ほん》訳《やく》されないと読めない本がある」

英語などの外国語で書かれている本のことばを、たとえば日本語《にほんご》を使っている私たちが読めるよう日本語へと移す。これが翻《ほん》訳《やく》だ。翻《ほん》訳《やく》された本や記事がたくさんあるのは、翻《ほん》訳《やく》を仕事としている翻《ほん》訳《やく》者がいるからだ。

小林玲子さんは翻《ほん》訳《やく》者の一人。この職業の存在に気づいたのは小学生のときだ。

「図書館で『夢《ゆめ》いっぱいのバレエスクール』という本を借りて楽しく読んでいたのです。この本の続きとなる第2巻があると知って大喜びし、第2巻も読んでいると最後のほうに第3巻のあらすじが書いてあってさらに大喜びしました。図書館の方に『第3巻も読みたい』と伝えると、『実は第3巻は翻《ほん》訳《やく》されていないのですよ』と言われました。翻《ほん》訳《やく》されないと読めない本があるのだと、このとき気づきました」

本を読むのも文を書くのも好きで、翻《ほん》訳《やく》者という職業をどこか心の中で保っておきながら中学・高校時代を送る。中学生のとき『怪盗《かいとう》ルパン』を読むと、「ルパン、お前も焼きがまわったな」という台詞《せりふ》があり、さらに「(頭のはたらきが鈍《にぶ》くなること)」と説明がある。翻《ほん》訳《やく》者がつけたものだ。「翻訳者《ほんやく》の方は、註《ちゅう》を入れてでも『焼きがまわる』という表現を使いたかったのだろうと感じ、翻訳者《ほんやく》ってておもしろいなと思いました」

小林さんは国際基督教大学に入学し、文学を専攻《せんこう》で学びつつ、理系も文系もさまざまな授業を受けた。翻訳者《ほんやく》の仕事をきちんと意識し、翻訳者《ほんやく》を育てる専門学校にも通い始めた。

卒業後に進学した早稲田大学大学院で栩木伸明《とちぎのぶあき》先生のもと北アイルランド現代詩を専攻《せんこう》した。「大学生時代と違《ちが》い、ひとつのテーマに絞《しぼ》って研究するので、楽しくも苦しくもありました。そうしたなか、翻訳《ほんやく》をしているときは私にとってそういう状態から脱《だっ》することのできる時間となりました」

翻訳《ほんやく》でもチームワーク

はじめて仕事として翻訳《ほんやく》をしたのは大学院生のとき。ウイスキーの専門誌の記事を訳した。「自分の文が活字になり、世の中に出て、誰《だれ》かに読まれる。おもはゆさや責任を感じましたね」

本一冊の翻訳《ほんやく》を手がけることになったのも大学院生のときだ。インターネットの翻訳《ほんやく》オーディションを受け、優れた成績を認められたからだ。アメリカのジェ

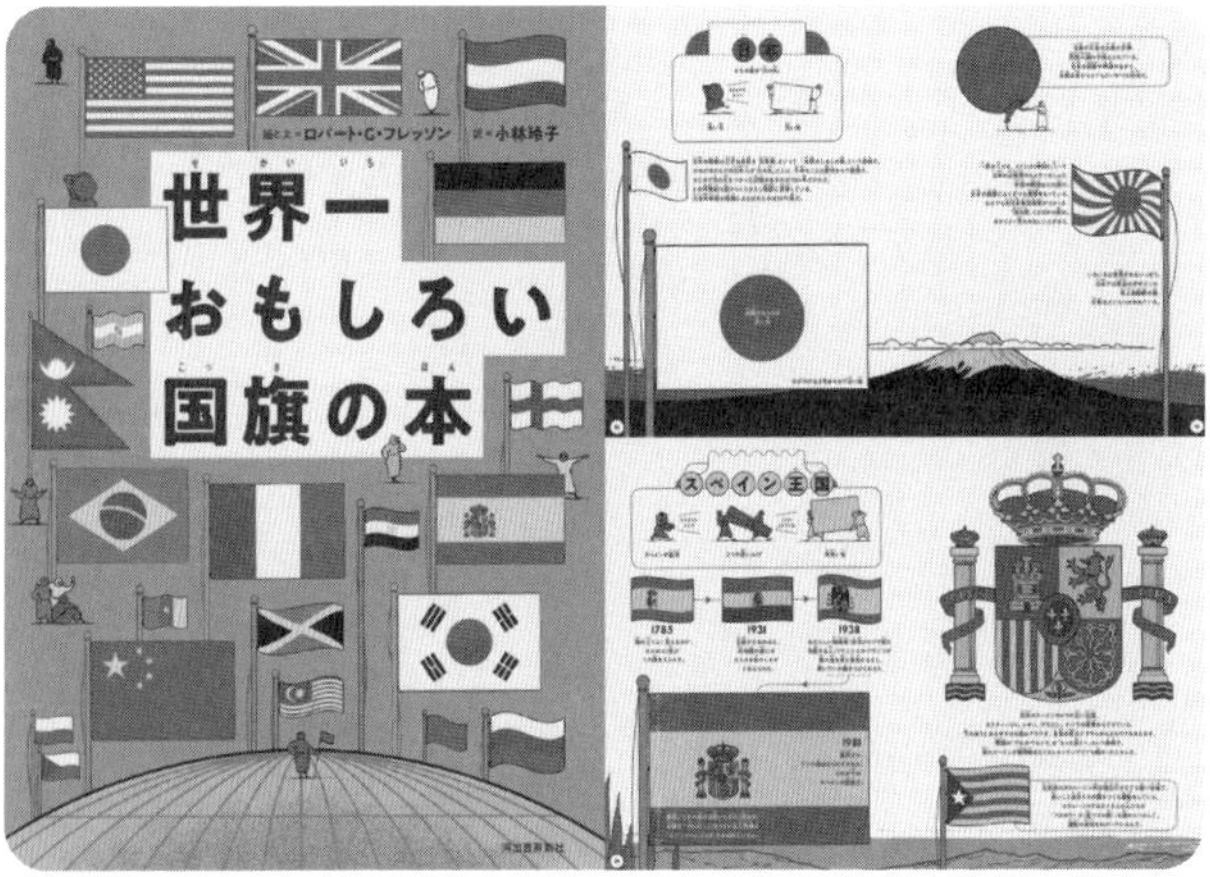

小林さんが翻訳を手がけた『世界一おもしろい国旗の本』　河出書房新社提供

フ・シマンスキーという心理学者の書いた本の訳書『がんばりすぎるあなたへ』（CCCメディアハウス刊）を出した。

大学院を修了《しゅうりょう》すると、フリーランスの翻訳《ほんやく》者となった。仕事の依頼《いらい》の受け方は、出版社から連絡《れんらく》がきたり、専門学校で原書の内容を日本語でまとめる「リーディング」で力を認められて受けたりさまざまある。

「翻訳《ほんやく》をしているときは、出版社の編集者さんと打ち合わせや相談を重ねます。翻訳《ほんやく》書を出すのもチームワークです」

小林さんが翻訳《ほんやく》をつとめた『世界一おもしろい国旗の本』（ロバート・G・フ

レッソン絵と文、河出書房新社刊《かわでしょぼうしんしゃ》）では、編集者と訳し方の方針を定めた。「小学校中学年向けなので、『…いるんだ。』『…だよ。』といった口調も入れていこう、と」。その後も、相談ごとが生じれば編集者に伝え、翻訳《ほんやく》を進めていく。こうしたやり取りの末、世界の国々の国旗の模様や色の意味が絵と文で味わえる一冊が日本で誕生《たんじょう》した。

小林さんが翻訳《ほんやく》した本が、青少年読書感想文全国コンクールの課題図書にもなっている。『昆虫《こんちゅう》の惑星《わくせい》』（アンヌ・スヴェルトルップ＝ティーゲソン著、丸山宗利《まるやまむねとし》監修《かんしゅう》、辰巳出版《たつみしゅっぱん》刊）だ。「多様性、共存、地球環境《かんきょう》といった今の時代のテーマが多く含《ふく》まれている本です。原書はやわらかい書きぶりですが、専門的な内容でもあります。体言止めを使ったり、リズムのよさを意識したり、やわらかめの表現で訳すことを心がけました。翻訳《ほんやく》者としてベストを尽《つ》くしつつ、監修《かんしゅう》者で昆虫《こんちゅう》学者の丸山先生にも頼《たよ》りました」

「集中」を「継続《けいぞく》」する

小林さんは昼間、翻訳《ほんやく》に関連する会社で事務の仕事をしているため、夜、家に帰ってから翻訳《ほんやく》をしている。

「集中力はとても大切です。2、3時間、

本の校正刷り。この時点でもよりよい翻訳にするために力を尽くす　取材先提供

集中して、原書にして5ページぐらいを訳します。集中力を使い切った日は、割りきって寝《ね》てしまいます。友人とお茶をして話すことが気分転換《てんかん》。ことばづかいのヒントを得る機会にもなります」

翻訳《ほんやく》という仕事への思いを、小林さんはこう話す。

「原書であれば、読み手は直接ことばを受けます。翻訳《ほんやく》書では、必ず翻訳《ほんやく》者がその途中《とちゅう》に入る。さじ加減ひとつで読みやすくもなるし読みにくくもなる。必ず入らなければならないのであれば、翻訳《ほんやく》で本にプラスが生まれるような仲介《ちゅうかい》者でありたいと思っています」

小林さんの昔と今の学び

Q どんな子どもだった？

よくいえば、おっとり。ふつうにいえば、ぼんやりとした子でした。

Q 英語をどのように勉強していた？

文法の力が足りないと思っていたので、積極的に勉強しました。また、好きな本を、英語の原書で読んでいました。

Q 好きだった教科や活動は？

英語はもちろん、国語も好きでしたね。自分のなかにことばを取り込《こ》んで、それをなんらかのかたちで表現するということが好きなんだと思います。もとの文があるなかで、ことばの可能性を考えて最善の訳をめざすのが翻訳《ほんやく》ですが、これは、定型があるなかで最善の表現をめざす短歌・俳句づくりと似ている気がします。

高校時代の部活動では、生活科学部で、料理をつくったり染めものをしたり。翻訳《ほんやく》はあらゆることが対象になるので、どんな経験もプラスになります。

Q 今は何をどう学んでいる？

翻訳《ほんやく》者を育てるスクールに今も通っています。同じ志《こころざし》をもつ生徒や先生たちと仲間でいられることは、自分一人だけの考えになってしまわないという点で大きいことだと思っています。

翻訳者の専門性

Q どうすればなれる?

英文を誤りなく読める力、それに読者に滞《とどこお》ることなく、かつ味わいながら読んでもらう日本語の力が必要となる。

専門学校に通うと、翻訳《ほんやく》を見せたり、原書の要約をつくるリーディングに挑《いど》んだりする機会がある。実力が講師たちに認められると、仕事として翻訳《ほんやく》してみないかと言われることがある。

翻訳《ほんやく》エージェントとよばれる、翻訳《ほんやく》する権利を管理する企業《きぎょう》に登録しておき、そこから仕事の依頼《いらい》を受ける人も多い。

Q 何を勉強しておくとよい?

英語のリーディングと文法、それに国語の現代文の勉強はとりわけ大切。でも、ありとあらゆる訳し方・訳のパターンがあるので、どんな勉強もむだにはならない。

Q ほかに大切なことは?

訳す対象のテーマはさまざまなので、広く教養を身につけておくことが重要。訳しているときの調べる力も求められる。

めざせ、自分のレベルアップ!

読む力	書く力	調べる力

PICK UP

原書のことばを訳して伝えるための英語

試験の英文和訳と、同じところも、違《ちが》うところも

あなたの経験のなかで、小林さんがしているような翻訳《ほんやく》の作業にもっとも近いのが、授業や試験での「英文和訳」だ。**英文和訳問題では、英語の文法や文型がわかっているかや、英単語を知っているかが問われる。翻訳《ほんやく》の作業でも同じだ。**翻訳《ほんやく》とは、英語などで書き手が書いた原文を、日本語などの別のことばに移すこと。誤った知識や理解のもと訳してしまえば、その訳文は誤りとなる。文法・構文・単語などを間違《まちが》えないことは翻訳《ほんやく》に欠かせない。学校での英語の学びは翻訳《ほんやく》の仕事にすごく役立つ。

一方で、授業や試験での英文和訳と翻訳《ほんやく》には違《ちが》いもある。小林さんはこう話す。

「一冊の本といった長い文書の全体を見て、訳し方を整えていくところが、授業や試験の英文和訳と違《ちが》います。本のなかには、あえて強調すべきところもあれば、読者に

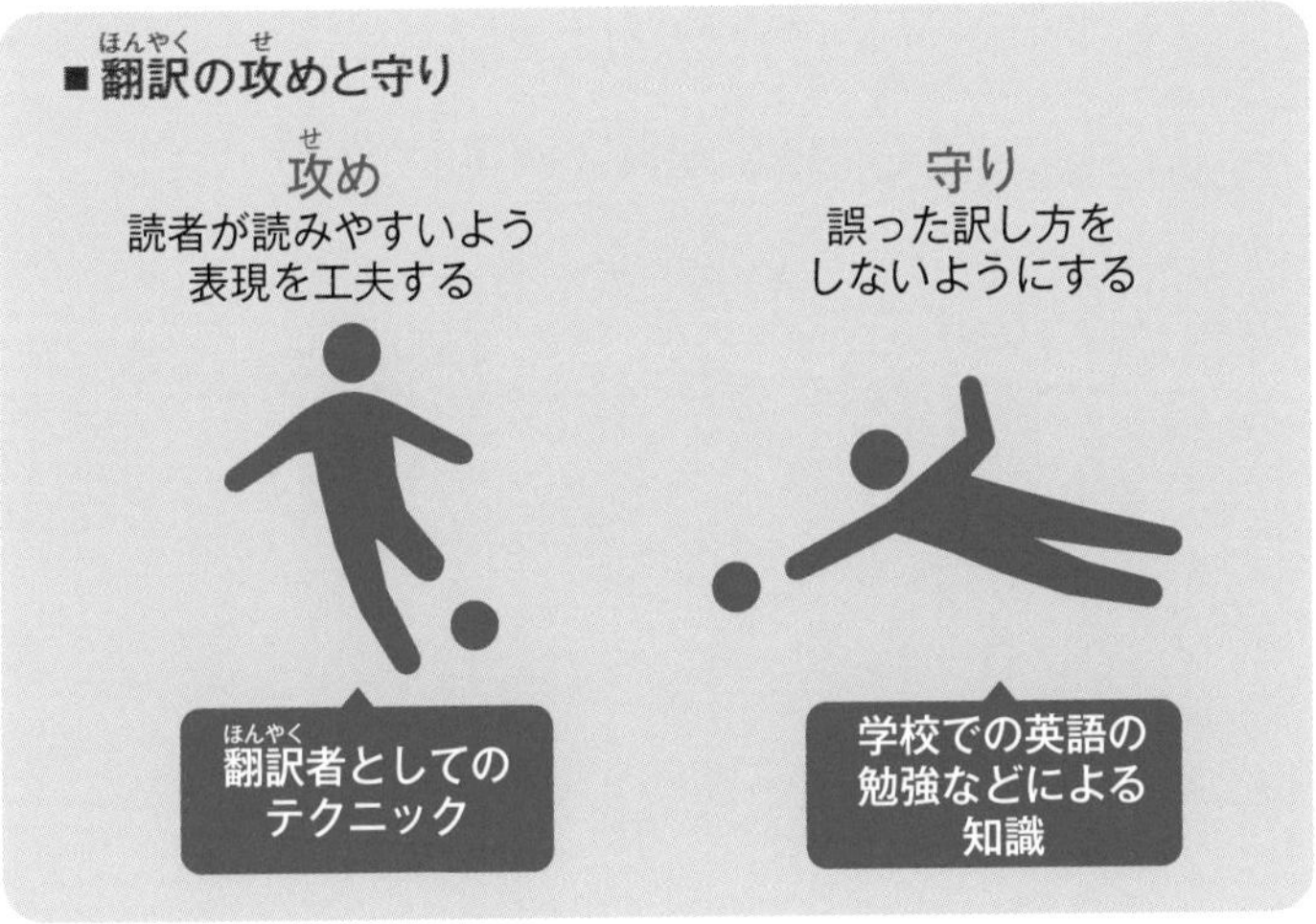
■翻訳《ほんやく》の攻《せ》めと守り
攻《せ》め
読者が読みやすいよう
表現を工夫する
守り
誤った訳し方を
しないようにする
翻訳《ほんやく》者としての
テクニック
学校での英語の
勉強などによる
知識

流してもらっていいところもあります。原文通りに訳すと正確ではあるけれど、悪く目を引いてしまう文もあるので、誤解が生まれないように整えていきます」

ほかにも違《ちが》いはある。授業や試験の英文和訳では、主語・述語・目的語・補語がどれに当たるかわかっていると伝われば点を得られる。たとえば、“She left him a message.” という文に対し、「彼《かの》女《じょ》は彼《かれ》にメッセージを残した。」と訳せば点をもらえる。一方、翻訳《ほんやく》の世界では、**こうした文型を正しく理解していることを前提としながら、英語の原文の語順通りに訳そうとすることもある。**右の文でいえば、「彼女《かのじょ》が残したのは彼《かれ》へのあるメッセージだった。」といったように。小林さんは「後ろから訳すか、前から訳すか。これも全体の流れのなかで決めていきます」と話す。試験で確実に点を得られる訳だけが翻訳《ほんやく》者の訳ではない。**読者にいかに読んでもらうか考え、最善の訳をしていく。**ここに翻訳《ほんやく》のむずかしさもおもしろさもある。

人工知能が翻訳《ほんやく》をする時代にあなたは……

ことばを訳す仕事に関連して、人工知能（ＡＩ）の話をしないわけにいかない。もうグーグル翻訳《ほんやく》を使っている？　ＣｈａｔＧＰＴ（チャットＧＰＴ）は？　これらのＡＩ技術はかなり正確に訳してくれる。しかもあっというまに。

そうなると、翻訳《ほんやく》者という職業はなくなってしまうのだろうか。

はっきり言おう。「ノーとはいえない」と。今はまだＡＩの訳ぶりに「なんか機械っぽい」と感じる。だが、遠くない未来、「有名なあの翻訳《ほんやく》者さんの書きぶりで訳して」と頼《たの》めば、忠実かつ正確に応えるＡＩ技術が必ず現れる。

すると翻訳《ほんやく》者に残される道は、**ＡＩにできないことを見つけて、「ほら、人間が仕**

■ 人工知能も翻訳をする時代

It is a truth universally acknowledged, that a single man in possession of a good fortune, must be in want of a wife.
However little known the feelings or views of such a man may be on his first entering a neighbourhood, this truth is so well fixed in the minds of the surrounding families, that he is considered as the rightful property of some one or other of their daughters.

——ジェーン・オースティン『Pride and Prejudice』（1813 年）冒頭より

A と B、どちらかが人間による翻訳でどちらかが AI による翻訳
どっちがどっち？

A

相当な財をなしている独身の男が妻をほしがっているのは、あまねく知られている事実である。初めて近所に入ってくるそうした男の感覚や視点がどんなに知られていなくとも、この事実は周囲の家族たちの心のなかでできあがるものだから、彼は娘たちのだれかしらの正当な財産とみなされてしまうのである。

B

幸運を手にした独身男性は必ず妻を必要としているというのは、広く認められている真実だ。たとえそのような男性が初めて近所に足を踏み入れたときの感情や見解がほとんど知られていなかったとしても、この真実は周囲の家族の心にしっかりと定着しており、彼は彼らの娘の誰かの正当な所有物であると考えられている。

語尾を合わせるなど一部を改変。答はこの章の最後に

事をする価値があるでしょ」とアピールできるかどうかにかかってくる。翻訳《ほんやく》者に限ったことではないけれど。

今、大人たちは「AIができることはAIにさせて、人間は人間らしいことをしよう」と言っている。でも、技術の進歩が速すぎて、それらがなんなのかわからなくなってきている。

「英語を使ったこの仕事をしたい」という人は、AIが使われるなかで人間がその職業を続けるにはどうすればよいか考えてほしい。「こんな形があったのか！」といった、誰《だれ》も気づいていない方法を創り出すのはあなたかもしれない。

ことばの探究編

作家

小説や詩などを書いて収入を得る。翻訳《ほんやく》者は原文があるなかで表現を追い求めるが、作家はモデルがほぼないなか物語を創り出したり表現を編み出したりする。作家でありながら翻訳《ほんやく》をするといった人も。報酬《ほうしゅう》については翻訳《ほんやく》者と同じく、何部刷られた（または売れた）か、一冊の価格はいくらかに応じた印税で支払われることが多い。

産業翻訳《ほんやく》者

金融《きんゆう》、法律、契約《けいやく》文、マニュアル、技術書、論文などの実務的な文書を翻訳《ほんやく》する。

字幕翻訳《ほんやく》家

外国映画のセリフなどを翻《ほん》訳《やく》。セリフ１秒に４文字といったごく短い表現を探す。

文学者

文学をめぐる専門家。作家と同じく作品を創る人もいれば、文学を研究する人も。

翻訳《ほんやく》講師

経験を積んだ翻訳《ほんやく》者が、翻《ほん》訳《やく》志望者などに対して、教室で翻訳《ほんやく》のしかたなどを教える。

こんな仕事もある!

著作権エージェンシー勤務者

原作の著者らから翻訳《ほんやく》権を得て、日本の出版社に契約《けいやく》のうえ権利を渡《わた》し、その対価を得る。日本の出版物を翻訳《ほんやく》する権利を海外に向けて売り渡《わた》すことも。ジャンルは、小説から論文までさまざま。翻訳《ほんやく》者たちに登録してもらい、出版社からの依頼《いらい》を受けて、その本の翻訳《ほんやく》にふさわしい翻訳《ほんやく》者を紹介《しょうかい》する業務もある。

編集者

出版物をつくる。翻訳《ほんやく》エージェントから出版の権利を得て、翻訳《ほんやく》書を手がけることも。

書店員

書店で新刊や雑誌を並《なら》べて売る。書店と出版社の間にある取次会社と連絡《れんらく》を取る。

図書館司書

図書館で資料の整理・保管・閲覧《えつらん》などの専門的な事務を行う。資格が必要。

考古学者

遺跡《いせき》や遺物を考察して、過去の人類の文化などを研究する。文字の解読をすることも。

10代の挑戦！ ことばの探究編

❶ すこし長い英文を訳してみる

材料はインターネットなどに無数にある。日本人スポーツ選手の海外での活躍《かつやく》を伝える英字新聞記事とか、あこがれのハリウッドスターの英語インタビュー記事とか、興味ある分野の長めの文を、人に読んでもらうことを意識しながら訳してみよう。できればまわりの人に読んでもらって感想を聞いたり、訳し方が正確かグーグル翻訳《ほんやく》で確かめたりしたい。

❷ 原書と翻訳《ほんやく》書を読み比べる

好きな海外作家の小説を原書と翻訳《ほんやく》書で手に入れて、読み比べてみよう。できれば原書の文を一段落ぐらい書き写したあと、翻訳《ほんやく》書の文を書き写す。これにより、翻訳《ほんやく》者がどのように訳しているか、つまり作業のプロセスを理解することができる。

❸ 翻訳《ほんやく》コンテストにエントリー

高校生や中学生を対象にした「翻訳《ほんやく》コンテスト」が大学、新聞社、行政などにより開催《かいさい》されている。賞が設けられ、たいてい評価を受けられるので、自分の翻訳《ほんやく》の実力を試すにはとてもよい。

73ページの答：人間がA。AIがB。

5章

国際協力をする

INTERVIEW

JICA職員

途上国の人たちと いっしょに未来をつくる

5

独立行政法人国際協力機構《どくりつぎょうせいほうじんこくさいきょうりょくきこう》（JICA《ジャイカ》）

平林《ひらばやし》由梨恵《ゆりえ》さん

大学では土木工学を、大学院では都市計画・都市交通を学び、卒業後にJICAに入構。国内の本部に約４年間勤務したのちに、スリランカに約３年間駐在《ちゅうざい》。現在は国内の本部から、東南アジアの複数の開発途上《とじょう》国の支援《しえん》に取り組んでいる。

暮らしの違《ちが》いに衝撃《しょうげき》を受けて

自分が「おやつが欲しい」と駄々をこねていたころ、地球上の別の場所では、水も電気もない過酷《かこく》な環境《かんきょう》で人びとが暮らしていた。小学生のときに授業でそのことを知った平林由梨恵さんは、稲妻《いなづま》が落ちたような衝撃《しょうげき》を受けたという。だから「そうした国と一切かかわらないまま一生を終えたくない」とも思った。のちにJICA（国際協力機構）に勤務する平林さんの原体験となる出来事だ。

「ただですね、かっこいい物語ならそこから留学や海外ボランティアに話が続くと思うのですが、私は小中高とごくふつうに地元で過ごしたんですよ（笑）」

話が動き出すのは、高校3年生になり、進路を考えてからだ。数学が得意で理系クラスにいた平林さんは、大学進学をめざすも、理系のどの学問分野にもあまりひかれずにいた。「私は何がしたいんだろう」。自問し、そこで心に決めたのが、開発途上《とじょう》国といわれる、課題も伸《の》びしろもたくさんある国にかかわる道を本気でめざそう、ということだったのだ。

途上《とじょう》国で活かせるスキルを身につけようと、大学と大学院で「土木」「都市計画・都市交通」を勉強。東南アジアなどの海外視察もしながら、道路や橋、港湾《こうわん》、都市や都市交通といった社会の基盤《きばん》をどう整えていくかを学んだ。

　卒業後、JICAに入構。日本《にほん》政府が途上《とじょう》国への開発援助《えんじょ》をするときの実施《じっし》機関であり、都市開発・農業・防災・保健医療《いりょう》・教育などさまざまなプロジェクトを通じた国際協力をしている組織だ。

重大な任務に弱気になったことも

　JICAに入ってからの数年間は、国内の本部に勤務し、アジアやアフリカ、南米などの途上《とじょう》国を、都市開発の分野を中心に支援《しえん》した。都市開発とは、より活気あるまちにするために、交通網《もう》や電気、水道などの社会基盤《きばん》を整えることだ。調査・分析《ぶんせき》から始め、プランをつくり、工事をして進める。JICA及《およ》び日本には、国内外でたくさんの開発をしてきた実績があり、そのノウハウを活かして、途上《とじょう》国のまちづくりに協力するのだ。

「最初に担当したのは、途上《とじょう》国のみなさんと立てたプランに沿って、インフラの整備計画を実施《じっし》すること。工事図面などを確認し、進め方やスケジュールに問題があれば、現地の人と話し合うのです」

　1年目から海外出張もあり、やりがいは十分にあった。いや、もっと言えばあ

スリランカでの防災分野の会議のようす　　取材先提供（以下同）

りすぎたほどだった。だから、南米の国であるキューバの陸海空の運輸マスタープランを担当したとき、平林さんは重責に押《お》しつぶされそうになった。

「先輩《せんぱい》たちのレベルに私はまだ全然追いついていない。そんな自分が担当でいいのかな、と苦しくなったのです」

それでも周囲に「我々《われわれ》がサポートする」とはげまされ、やり抜《ぬ》いた。結果、ひとつの殻《から》を破ることができたという。

「自分で必死に勉強しつつ、わからないことがあれば、自分のプライドなどどうでもいいから、人に頼《たよ》る。人に頼《たよ》って、人をつないでプロジェクトを進めるのが私のやるべきことだ、と気づいたのです」

現地で協力し合う楽しさ

つぎに担当したのが、インド洋に浮《う》かぶ島国、スリランカに約3年間駐在《ちゅうざい》し、おもに防災の面で協力することだった。

洪水《こうずい》や土砂災害、津波で今までどの地域にどんな被害《ひがい》があり、今後そうした被《ひ》害《がい》を最小限に食い止めるには、何から手をつければいいか。日本の専門家（コンサルタントなど）とともに各地を訪ね、現地の公務員や専門家と話し合い、住民の声を聴《き》き、資料を読み込《こ》む。集めた情報をもとに、この国の防災に必要なお金・人・技術の支援《しえん》についてJICA本部にかけ合う。そうして日本とスリランカの協働事業を進めるのが任務だ。

「仕事で現地の人たちと関係性を築いていけるのが、すごく楽しかったです。『この人たちのために自分は何ができるだろう』と思って仕事をしていました」

文化の違《ちが》いに戸惑ったことや、怒《おこ》られたこともあった。一方で、たくさん助けられもし、防災の面では設備を整えるだけでなく、専門の人材を育成する研修事業なども実施《じっし》した。任期を終え、みんなに別れを告げてスリランカを発つときは、涙《なみだ》が止まらなかったという。

現地を視察して住民にヒアリング

もっと成長して貢献《こうけん》したい

現在、平林さんは国内に戻《もど》り、カンボジアやラオスなど複数の途《と》上《じょう》国をサポートしている。今後は都市開発のほか、人材育成やジェンダーなど、自分が力になれる分野を広げることもめざしている。

「恩師の先生の受け売りですが、自分というバケツをどんどん大きくしていきたいんです。ひとつの専門をきわめる職員もいますが、私は、途《と》上《じょう》国にかかわることそのものが好き。ですので、自分の幅《はば》を広げ、その学んだことすべてを国際協力につなげていけたらと思っています」

平林さんの昔と今の学び

Q どんな子どもだった?

途上《とじょう》国に興味があったのに外国人恐怖症《きょうふしょう》でした。英語コンプレックスがあり、外国人が近づいてくると電柱の陰《かげ》に隠《かく》れるほど（笑）。

Q 英語をどのように勉強していた?

小学生のときに英会話を習うも、身につかず、英語コンプレックスに。中学や高校では教科書をベースに必死に勉強しました。結局、怖《こわ》がらずに外国人と話せるようになったのは、仕事に就いてからです。でも仕事で英語を使い出してから「学校で習った文法や単語はちゃんと役立つんだ」とも実感しました。

Q 好きだった教科や活動は?

部活動のバスケットボールです。小学生の夏休みに祖母の家で算数のドリルをやらされ、「最初は嫌《いや》なことも、できると楽しい」と知ってからは、勉強も結構がんばりました。

Q 今は何をどう学んでいる?

自分がかかわる「途上《とじょう》国の歴史や地理」、それから「担当するプロジェクトの立ち上げの背景、専門知識や技術」については常に勉強しています。英語や日本語の資料を読み込《こ》むのはもちろん、国内外の専門家に話を聞きに行くことも多いです。

JICA職員の専門性

Q どうすればなれる?

JICAの途上《とじょう》国へのかかわり方は、都市開発、環境《かんきょう》保全、平和構築など、本当に幅広《はばひろ》い。また、職員採用では「新卒採用」と「社会人採用」の両方を行っている。まずは途上《とじょう》国に自分がどのようにかかわりたいか考え、その路線で活かせるスキルを大学や短大で身につけよう。そのうえで、卒業後にJICAを志望するか、またはさらに仕事の経験も積んでからめざそう。

Q 何を勉強しておくとよい?

新卒採用の選考で問われるのは基本的な英語力だが、職員になると、語学力目安が3年以内にTOEIC860点とされている。世界史や地理の知識、チームワークも学んでおこう。

Q ほかに大切なことは?

平林さんがJICAの同僚《どうりょう》と話していていちばん感じるのは、かかわる途上《とじょう》国のことが好きで、「この国のためになることをしたい」「共に創造したい」という情熱をもっていることだという。

めざせ、自分のレベルアップ!

貢献意欲　**広い視野**　**共創する力**

PICK UP

文化の異なる国同士で協力するための英語

英語で書かれた専門資料を読みこなす

国際協力をする組織にはいくつかのタイプがある。第一に、「日本の政府組織」。政府の外交をになう外務省《がいむしょう》や、途上《とじょう》国への政府開発援助《えんじょ》を行うＪＩＣＡなどだ。そのほかに「国連機関・国際機関」や「ＮＧＯ（非政府組織）」もある（91ページも参照）。

いずれにしても国際協力をするなら、**国の歴史や地理、慣習、社会課題を勉強しながら英語の資料を読み解く**ことになじんでいこう。ＪＩＣＡの平林さんは、かかわる国やプロジェクトについてはみずから情報を集め、常に勉強しているという。

「目を通すのは調査レポートや論文、過去のプロジェクトの合意文書や議事録です。大半は英語で書かれているので、英文を読むことが日常業務のひとつになります」

加えて、日本語の資料を読み、専門家に話も聞いて、さらに知識を増やすのだとか。

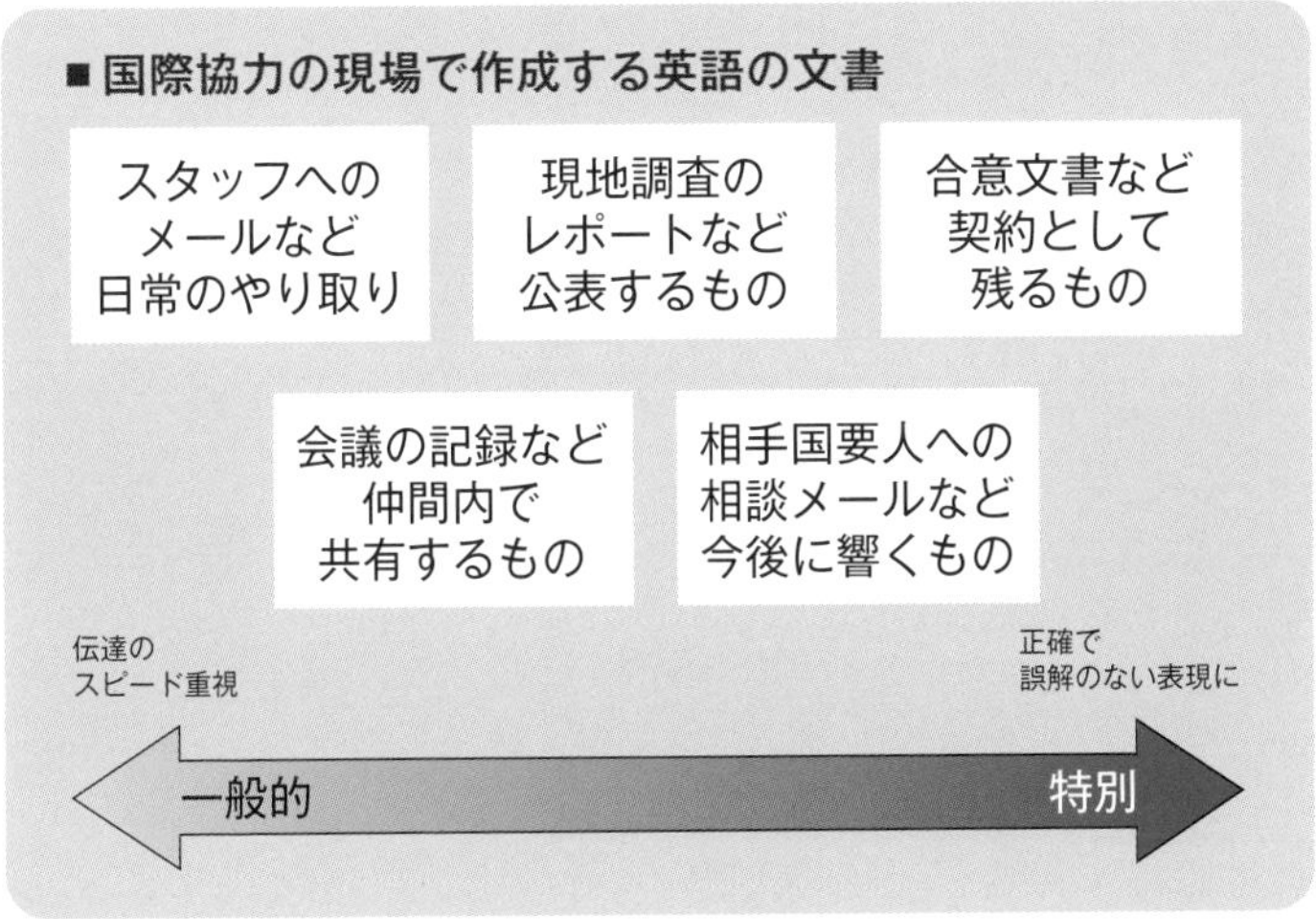

■国際協力の現場で作成する英語の文書

専門性の高い英文を読むときは、文法や単語の知識のほか、その専門分野の背景知識も必要になるからだ（野球観戦の報告書を読むなら、野球のルールを知っておいたほうがよいのといっしょだ）。

英語で公文書を書くことも

仲間と協力し、誤解が生じにくい英文を書くことにも今から挑《いど》んでおこう。

国際協力の現場では、誰《だれ》が何をするのか、合意文書をつくって残すのが基本となる。その文書作成では、知恵《ちえ》を出し合い、**関係者みんなが同じ認識をもって、合意もできる文章表現**をめざすのだ。

「スリランカで合意文書を作成したときは、ドラフト（下書き）段階から事務所のナショナルスタッフ（現地職員）に相談し、管理職にもチェックをお願いしました。そうして手助けを得られるとはいえ、ベースの文書はまず自分で書けないとダメですよね。ちなみに、気心の知れた職員との日常のメールのやり取りは、伝達スピード重視。誤解を恐《おそ》れずにいえば、『書きなぐった英文』をそのまま送っていました（笑）」

正しく聞き取るためにできることは

事務所の職員との会議から、現地の要人や住民へのヒアリングまで、英語を話す・聞く機会もたくさんある。その際は、**相手の言ったことを理解できるまで確認しながら聞く**姿勢も問われるという。

「相手の言ったことを即座《そくざ》に理解できるのが理想ですが、自分の英語力不足などで、会話がうまく成立しないこともあります。**聞き取れなかったことがあれば、もう一度ゆっくり話してもらうようにお願いする。正しく理解できたか不安な部分があれば、『こういうこと？』と問い返す。**そういう聞く力も大事だったのです」

スリランカ事務所にてナショナルスタッフと

価値観の違《ちが》いを乗り越《こ》えて

背景にある文化を理解してコミュニケーションを取るようにもしたい。平林さんは「日本人なら謝って場をおさめることでも、謝らずに戦う」場面や、「日本人なら暗黙の了解で進むことでも、いちから説明が必要」な場面に遭遇《そうぐう》。それは相手が非常識なのではなく、**国や地域によって正しさや常識は違《ちが》う**からなのだ。だから平林さんは「文化の異なる者同士でどのように力を合わせればいいか、コミュニケーションを取ってそのつど新しいやり方を探す」ことを大事にしているという。

外交官

外務省の職員として、世界各地の大使館や総領事館、国内の官公庁などで、各国との交渉《こうしょう》や交流に取り組む。日本の外交政策を立てるための情報収集・分析《ぶんせき》も大事な仕事。また、世界各地で事業をする日本企業《きぎょう》の支援《しえん》や、現地で紛争《ふんそう》や災害が起きたときの日本人の生命・財産の保護にも努める。

国際協力専門員

専門スキルをもつ JICA や政府の任期つき職員（1～2年）として、途上《とじょう》国へ。

外務省専門職員

学んできた専門の言語があり、その言語を活かせる地域で外交をになう。

青年海外協力隊

JICA ボランティア職員として、生活費支給を受け原則2年、途上《とじょう》国で活動。

在外公館専門調査員

世界各国の大使館などで、原則2年の任期で、現地のことを調査・研究する。

こんな仕事もある！

国連スタッフ

国連事務局や、国連難民高等弁務官事務所《なんみんこうとうべんむかんじむしょ》（UNHCR）、国連世界食糧計画《せかいしょくりょうけいかく》（WFP）、国際労働機関《こくさいろうどうきかん》（ILO）、世界保健機関《せかいほけんきかん》（WHO）、国連児童基金《じどうききん》（UNICEF）など、国連関係の組織に勤める。職員募集《ぼしゅう》については、国連以外の国際機関も含《ふく》めて「外務省国際機関人事センター」のサイトで確認できる。

国際機関スタッフ

欧州連合《おうしゅうれんごう》（EU）や石油《せきゆ》輸《ゆ》出国《しゅつこく》機構《きこう》（OPEC）など、国連以外の国際機関で働く。

NGO（非政府組織）職員

国際協力をする「NPO法人」や「公益法人（社団法人や財団法人など）」で活動。

外国大使館スタッフ

日本に約150ある外国大使館に採用され、広報や事務、警備などをになう。

国連ボランティア

国連派遣《はけん》のボランティアとして、生活費支給を受けて1～2年、途上《とじょう》国で活動。

10代の挑戦！ 国際協力編

❶ 英語の長文問題のテーマを調べる

むずかしい英語の長文問題にぶつかったら、その問題であつかわれたテーマ（資源、エネルギー、保健衛生など）を日本語で調べてみよう。長文に地名が出てきたらそのキーワードも頼《たよ》りに調べよう。そのテーマへの理解を深めてから、英語長文を読み返すと、前よりも意味が取りやすいはず。国際協力にかかわる人もそうやって英語資料への読解力を高めている。

❷ 外務省の「条約データ検索《けんさく》」を使う

外務省の条約データ検索《けんさく》サイトでは、日本が各国と結んだ条約をジャンルごとに調べることができ、また、その国と交わした公文を英語（または相手国の言語）と日本語訳の両方でチェックできる。興味ある国やテーマで調べてみよう。

❸ 国際協力の作文コンテストに参加

入賞すると海外に行ける大会も。JICA も日本語作文による「国際協力中学生・高校生エッセイコンテスト」を開催《かいさい》している。団体によっては、英作文を募集《ぼしゅう》しているコンテストもある。

6章

国をまたぐビジネスをする

INTERVIEW

商社社員

取材先提供
（以下同）

世界中の人と組んで よりよい商売を生み出す

丸紅株式会社《まるべにかぶしきがいしゃ》

戒田和樹《かいだかずき》さん

大学時代に物価の安かった地域をねらって、インド、タイ、カンボジア、台湾《たいわん》、エジプト、トルコを放浪《ほうろう》。卒業後、丸紅に就職、水産部門で魚の輸出入を担当。現在はデンマークのパートナー企業《きぎょう》で魚の陸上養殖《ようしょく》にたずさわる。

文化の違《ちが》いを乗り越《こ》えて

「入社から半年足らずで、幸か不幸か、アイスランドから魚を輸入する仕事を、ほぼすべて任せてもらえたんですよ」

総合商社・丸紅で働く戒田和樹さんは笑顔《えがお》でそう切り出した。アイスランドは漁業が盛《さか》んで、ヒラメやシシャモ、タラなどの魚を大西洋で獲《と》っている。その現地の漁業者と、魚の値段や受け渡《わた》し期日について交渉《こうしょう》し、船便も確保し、それらの魚が欲しい日本のスーパーマーケットや寿司《すし》屋さんに届けるべく、手はずを整えるというのが、戒田さんの仕事だった。

当時はまだ魚のことにくわしくなく、取りあつかう魚の名前を、日本語と英語の両方で必死に覚えた。ただ魚を右から左に運ぶのではない。国や文化が違《ちが》うと、魚の鮮度《せんど》や加工についての考えも異なり、アイスランドのやり方が日本では受け入れがたかったり、逆に日本の常識がアイスランドでは通用しないことがある。だから戒田さんは、アイスランドの現地の人たちと英語でコミュニケーションを取っては、こちらの思いを伝え、相手の思いにも耳を傾《かたむ》け、考えの食い違《ちが》いが起きないように日々努めていった。

「毎日大変でしたが、今ふり返ると、い

い経験ができたな、と思うんです。信頼《しんらい》関係ができてからは、アイスランドの漁業者さんからは『獲《と》れすぎて余ったこの魚をどこかに売れないか』といった相談を受けるようになり、日本の取引先さんからは『ほかにこんな食材も探している』といった相談を受けるようになりました。頼《たよ》ってもらえるようになったことが、非常にうれしかったです」

価値あるものをもつ人（供給者）と、それを欲しい人（需要者《じゅようしゃ》）を、世界を股《また》にかけてつなぎ、仲介料《ちゅうかいりょう》をもらって利益を得る。それが商社の得意とする「トレーディング」というビジネスだ。

世界中の人とかかわる仕事

広島《ひろしま》で生まれ育った戒田さんは、小中学生のときに中国《ちゅうごく》や台湾を家族旅行し、異文化にふれた。その体験が印象に残っていたこともあり、高校生になって将来を考えたとき、「世界に出て仕事をしてみたい」と思ったという。また、自分たちの食を支える現場、農林水産業にかかわってみたい、とも思うようになる。

だから進学先には大学の農学部を選択《せんたく》。それも親元を離《はな》れてはるばる北海道《ほっかいどう》に渡《わた》り、農業を学びながら、年1、2回は海外を放浪《ほうろう》するという学生生活を送った。

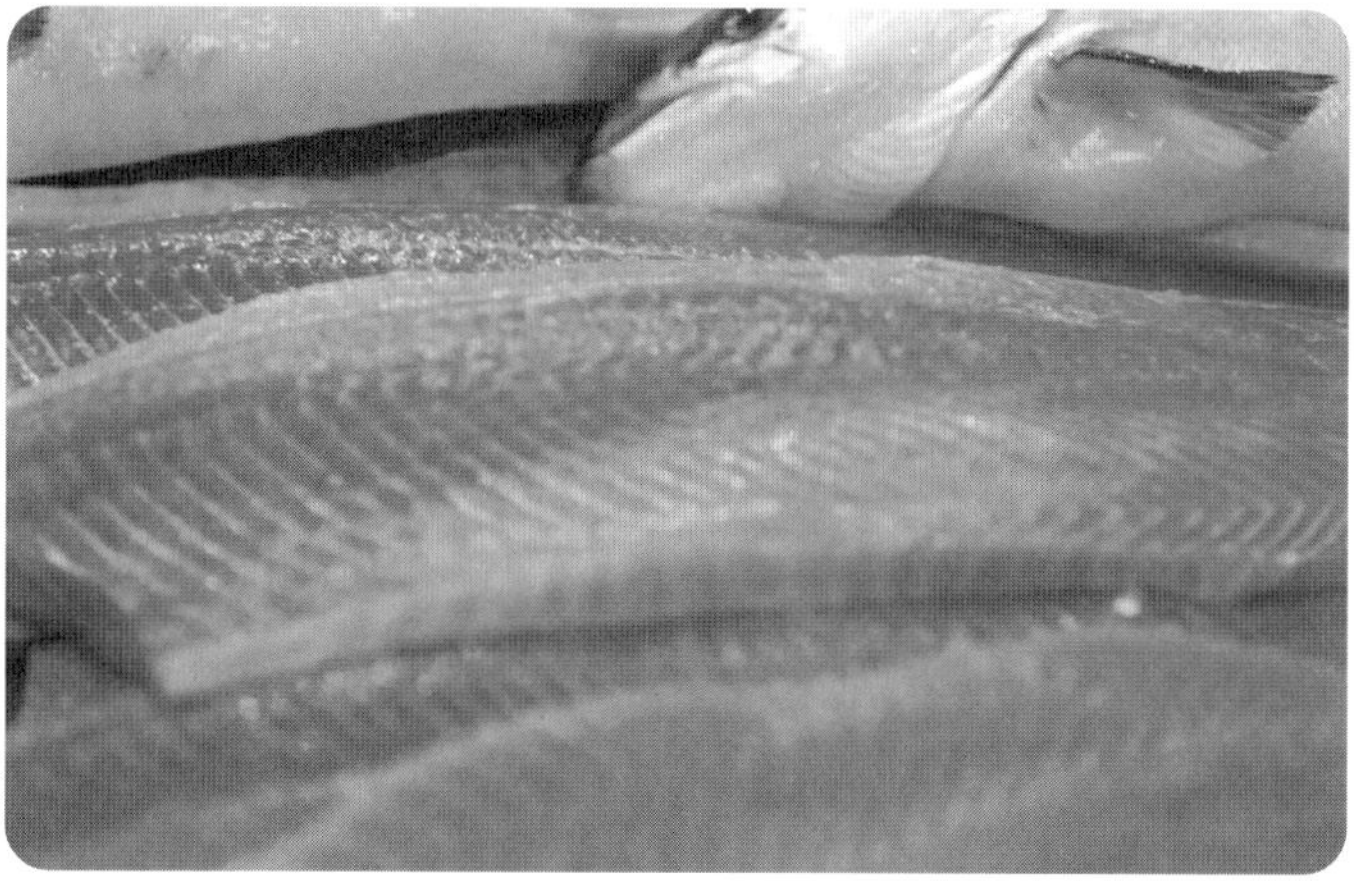
戒田さんの新たな挑戦はサーモンの養殖だ

大学卒業後、商社のなかで食のビジネスに強い丸紅に就職、冒頭《ぼうとう》でふれたような魚の取引にかかわった。はじめはアイスランドで獲《と》れた魚の輸入を担当し、続いて、アフリカのガーナ、ナイジェリア、ウガンダで獲《と》れた魚の輸入も。各国とのコミュニケーションは当然、英語だ。

さらに入社3年目には、語学研修のメンバーに選ばれ、中国で1年間、中国語を勉強し、翌年にはその覚えたての中国語で、現地の取引も経験。以降もアジアから北米・南米、欧州《おうしゅう》、ロシア、アフリカ、オーストラリアまで、まさに世界中の国々との魚の取引にかかわってきた。

新事業でよりよい未来を

現在、戒田さんは新たな挑戦《ちょうせん》のただなかにいる。海外駐在員《ちゅうざいいん》としてデンマークに移り住み、丸紅が出資した（お金を出した）パートナー企業《きぎょう》で働いているのだ。当初は社員数20人以下の小さな会社だったが、「陸上でサーモンを養殖《ようしょく》する」という画期的な事業を行っていた。そこに丸紅のもつヒト・モノ・カネ・情報をプラスし、さらなる飛躍《ひやく》をねらっている。世界中で有望な事業を見つけ、自分たちも参加して育てるという、商社ビジネスのもうひとつの柱、「事業投資」だ。

「駐在《ちゅうざい》して3年が経ち、養殖《ようしょく》場は2倍の大きさになり、サーモンの販売《はんばい》先はヨーロッパ全域に拡大しました。社員の士気も高まり、『会社をもっと大きくしよう』という夢《ゆめ》をみんなで追っています」

その会社のなかで戒田さんは、経営面の数字の管理から、魚の餌《えさ》やり、箱詰《はこづ》め、フォークリフトを運転しての荷積みまで、できることはなんでもやってきたという。

「魚を獲《と》ったり育てたりする第一次産業からかかわりたい、というのは、入社当時からの念願だったんです。卵から育て、2年かけて約4kgのサーモンにすることを実体験し、『育てた魚の価値をわかっ

陸上養殖のいけす

てくれるお客さまに、大事に売りたい』という思いがますます強まりました」

　では陸上養殖《ようしょく》の魚のよさとは何か。

「海での養殖《ようしょく》には、魚のフンや餌《えさ》の食べ残しで海洋汚染《おせん》が広がる問題がありました。一方、陸上養殖《ようしょく》は、排水《はいすい》処理をするので海を汚《よご》しません。また、魚が欲しい地域の近場に設備をつくれば、遠くで獲《と》れた魚を輸入する必要がなくなり、世界中の輸送エネルギーを削減《さくげん》し、地球環境《かんきょう》の負荷も減らせます。環境《かんきょう》にいい形で育てた魚を、地産地消でお客さまに届けていく。そんな未来を実現することが、僕《ぼく》にとってのもうひとつの大きな夢《ゆめ》です」

戒田さんの昔と今の学び

Q どんな子どもだった？

親から言われるのは「頑固《がんこ》で負けず嫌《ぎら》い」。放課後は部活に集中、帰ったらゲームで遊ぶなど、メリハリは大事にしていました。

Q 英語をどのように勉強していた？

自分のペースで進めるのが性に合うので、ほかの人が立てた目標ではない、自分で立てた目標に向かって勉強していました。高校では英検何級を取ろう、とか、大学では海外放浪《ほうろう》の時期までに英語力を上げよう、とか。まずは単語量を増やし、そのうえで覚えた単語も使って即興《そっきょう》で話すことの練習もしました。

Q 好きだった教科や活動は？

中学や高校は、弱小でしたけれど部活動のバスケットボールに熱中していました。あとはゲーム、それから読書も昔《むかし》から好きでした。本は今も月に数冊は読んでいます。

Q 今は何をどう学んでいる？

サーモンの養殖《ようしょく》について英語の研究論文を読むようになりました。専門用語が多く、読むのに骨が折れる文章で（笑）、そういった意味では、引き続き英語の研鑽《けんさん》を続けています。加えて、今はデンマーク語も勉強しているところです。

商社社員の専門性

Q どうすればなれる?

国際的なビジネスをするための基礎《きそ》体力をつけるという点では、大学の経済学部・経営学部・商学部・外国語学部などで学ぶのが選択肢のひとつ。総合商社は衣食住、エネルギー、情報通信など幅広《はばひろ》い事業をしているので、戒田さんのように、自分の好きな分野を世界を見すえて勉強し、商社をめざす選択肢《せんたくし》もある。

Q 何を勉強しておくとよい?

英語以外では、社会の授業で世界の歴史や地理、それから経済のしくみを頭に入れておこう。海外の人が日本の文化に関心をもつことも多く、国語で習った古典の知識が役立つことも。

Q ほかに大切なことは?

戒田さんがあげるのは「いろいろなことを学びたいという姿勢」。なぜなら「世界には新しい発見が無限にあるから」。この言葉にワクワクできる、冒険《ぼうけん》心と吸収力をもつ人が向いていそうだ。

めざせ、自分のレベルアップ！

冒険心 吸収力 経営感覚

PICK UP

多国籍の人と商いをするための英語

その場に応じた英語の使い方をめざそう

国を超《こ》えたビジネスは、商社以外も行っている。機械や日用品を国内外で生産し、世界中で販売《はんばい》する会社。アニメや音楽、ゲームの海外進出や輸入をする会社。世界各地の発電所や交通システムを手がける会社。農作物から原油まで、日本に必要なものを世界中から調達する会社などだ。そうした舞台《ぶたい》で多国籍《たこくせき》な人と力を合わせていきたいなら、**目的や場面に応じた英語の話し方**ができる力をつけていこう。

商社に勤める戒田さんは、海外の漁業者との交渉《こうしょう》や、養殖《ようしょく》の大学研究者との面談など、**フォーマルな場では、正確な単語と文法を心がけて話す**という。相手も正確に伝え合うことを求めているからだ。一方、世界各国で現地の人とお酒を飲んだり食事したりと、**かしこまらずに親交を深める場では、単語や文法が怪《あや》しくても言いたいこと**

■ビジネス英会話で求められることは？

商談など フォーマルな場での交渉《こうしょう》	➡	**正確に話す** 正しい文法や単語を意識して……
飲み会など フランクな場での交流	➡	**即興《そっきょう》で話す** 間違《まちが》ってもいいからパッと口にする
社内会議など みんなで話し合う場	➡	**意見を表明する** 黙《だま》っているのはNGなことも（※）

※特にアメリカや中国など、さまざまな価値観をもつ人が暮らす「多民族国家」では、一人ひとり自分の意見を表明することが、おたがいを理解し合うための前提になっている

をパッと口にすることが大事だという。

戒田さんは入社2年目の夏に、研修でアメリカの魚加工工場で約1カ月働く機会に恵《めぐ》まれた。英語の交渉《こうしょう》にも慣れてきたころで、現地の人と仲良くなろうと仕事終わりも勇んでともに過ごしたが……。

「冗談《じょうだん》を言い合うような日常会話は、フォーマルな会話よりスピードが速くてスラング（俗語《ぞくご》）も多く、内容は半分ぐらいしかわからず、話にもなかなか入れなかったのです。それでもいっしょにビールを飲みながら楽しみましたが、自分の英語力がまだまだ足りないことを痛感し、当時はすごくショックでした」

また、今いるデンマークの会社は、成長するにつれ、ドイツやポルトガル、スペイン、イランなどさまざまな国の社員が集うようになったが、**多国籍《たこくせき》の仲間との日常のやり取りでは、勢いとスピードを重視して話す**という。英語がうまい人からそうでもない人までレベルはまちまちで、相手の発言に文法上おかしな点があっても理解しようとすることや、自分の思いをことばにのせて話すことが大事になるからだ。

どんな姿勢でコミュニケーションを取るかも重要

背景にある文化を理解してコミュニケーションを取ることも意識しよう。

戒田さんはその大切さを、入社3年目で中国に渡《わた》ったときに実感したという。

「日本では言わなくても相手に通じる部分がありましたが、中国では積極的に発言することや、自分を売り込《こ》むことが欠かせませんでした。でなければ取り残されます」

その後、英語圏《けん》の人との打ち合わせでもこんな経験をする。発言者の内容に賛成だった戒田さんはうなずきながらメモを取って会議を終えた。するとあとで「不満があったのか」と問われたという。**国によっては異論がないときも「自分の思いはこうだ」**

現地の社員とのやり取りはすべて英語だ

と意思表示することが必要なのだ。今いるデンマークにも「会議では全員発言して貢献《こうけん》すべき」という考えがあり、何も発言しない人は呼ばれなくなるという。

めざせ、多言語の習得!

ちなみに戒田さんは、英語、中国語に続いてデンマーク語も勉強中。多言語を身につける戒田さん流のコツを聞くと、つぎのように明快に答えてくれた。

「**笑われようが、その言語を使ってみる**ことですね。使って通じた、通じなかったで自分のレベルを知り、また学ぶというのが、いちばん身につくと思います」

国際ビジネス編

JETRO職員

JETRO（日本貿易振興機構《にほんぼうえきしんこうきこう》）は、国内外のネットワークを活かし、日本の「貿易」「投資」の後押《あとお》しをする組織。具体的には、日本の農林水産物・食品の輸出サポート、日本の中堅《ちゅうけん》・中小企業《きぎょう》の海外展開支援《しえん》、外国企業《きぎょう》の有望事業の国内への誘致《ゆうち》などを行っている。合言葉は「日本を世界へ。世界を日本へ」。

バイヤー・調達

お店で売る商品を海外で買いつけたり、原油や鉱石を各国から調達したりする。

国際金融《きんゆう》

銀行や証券会社で、企業《きぎょう》の海外進出や、海外での資金調達をサポートする。

海外駐在《ちゅうざい》員

メーカーや商社勤務の人が海外に移り住み、現地の拠《きょ》点《てん》や支店の発展に努める。

海外リサーチャー

海外展開する企業《きぎょう》などのために、各国の経済事情や文化について調べて報告する。

こんな仕事もある!

貿易事務

輸出や輸入のための事務手続きを担当。海外の取引先と商品の注文や発送時期について文書や通話でやり取りしたり、貨物輸送を手がける業者と船や飛行機に荷物を積むための手続きを進めたりする。商社やメーカー、貿易会社、船会社、フォワーダーという貨物輸送の専門業者などで活躍《かつやく》している。

通関士

輸出入の手続きを、不正品の取り締《し》まりや税金徴収《ちょうしゅう》をする「税関」に対して行う。

国際法務

企業《きぎょう》のなかで、海外との契《けい》約《やく》手続きや、各国のルールに沿った手続きを行う。

国際秘書

外国人社長などの秘書としてスケジュール調整、書類作成、資料集めなどを行う。

渉外《しょうがい》弁護士

国際的な企業《きぎょう》の相談にのり、海外の相手との交渉《こうしょう》や契約《けいやく》手続きをサポートする。

10代の挑戦！ 国際ビジネス編

❶ 違《ちが》いを発見する質問を考える

学校やオンライン、旅先で、海外の人と話す機会がいずれ訪れるかもしれない。そのときに「自分との違《ちが》いを発見できるような質問」を今から考えておこう。「〇〇をどう思う？」「△△のときのしぐさは？」など。よい質問ができたら本当に尋《たず》ねたくなって、みずから海外にアプローチするきっかけになるかも。

❷ 好きなものを英語でリサーチ

好きなものについて英語のキーワードを思い浮《う》かべ、インターネットで検索《けんさく》し、英語のサイトを読んでみよう。「ニュース」や「画像」「動画」のみ検索《けんさく》できる機能もあるので、自分のレベルに合わせて、まずは好きなものから英語に親しもう。

❸ 英語のプレゼン大会に参加する

探究活動や課題研究、ビジネスプランなどについて、英語でプレゼンテーションをする若者向け大会が今はいろいろとある。自分が一生懸命《いっしょうけんめい》取り組んだことを、英語でも発表してみる、ということにぜひチャレンジしてみよう。

7章

語学のサポートをする

INTERVIEW

英語教師

英語の魅力を子どもたちに伝える

7

愛媛《えひめ》県立《けんりつ》宇和《うわ》高等学校《こうとうがっこう》

加藤《かとう》耕平《こうへい》さん

大学生のときにワーキングホリデー制度を利用してカナダで１年間生活し、語学学校やコーヒーショップの勤務で英語力をみがく。卒業後、地元・愛媛県で高校の教師に。先生同士で学び合ったり、国際交流プログラムを導入したりと英語教育の充実《じゅうじつ》をめざす。

英語を使うことを楽しもう

愛媛県立宇和高等学校の英語教師、加藤耕平さんは、授業中にカナダへの渡航《とこう》体験を話すことがある。英語を使うことのドキドキワクワクを届けたいからだ。

「英語で本物のコミュニケーションを取ってみたくて、現地のコーヒーショップで半年間働いたんだけど……最初はお客さんの言うことを聞き取れず、注文を復唱すれば僕《ぼく》の発音がまずくて『は?』って顔されるし、もう散々。いっしょに働いた現地の人がみんないい人で、はげましてくれたのに支えられたなあ。とにかくめげずに注文を聞き、お客さんの口元を真似《まね》て復唱するのをくり返したら段々通じるようになって、お客さんとも会話を楽しめるようになったんだよ」

そんな話をはさみつつ、授業は基本、生徒が自分で英語を話したり聞いたり、書いたり読んだりする形で進める。たとえばリテリング(再話)の学習。生徒が教科書の英文を読んだうえで、ある一場面を絵にし、そのシーンをどう説明するか自分の言葉で考え、別の生徒に英語で伝える。そうした授業を通して「自分の英語が通じた!」という楽しさを、全員で共有したいと加藤さんは考えている。

海外に行ってみたい！

加藤さんが英語教師になりたいと思うようになったのは、高校生のときだ。

「アメリカ留学をしたことのある英語の先生がいて、授業で話してくれる留学先の失敗談とかが、めちゃくちゃおもしろかったんですよ。英語ができるとそんなに世界が広がるんだ、英語教師っていいなあと。何よりも『自分も絶対に海外に行こう』と思うようになり、英語をがんばって勉強するようになったんです」

だが海外への道はすんなり開けなかった。父親が倒《たお》れて入院。しばらく経済的に厳しい状況《じょうきょう》が続き、大学に進学するも生活費は自分で稼《かせ》がねばならず、留学資金まで工面できそうになかったのだ。

それでも海外をあきらめたくなかった加藤さんは、奨学金《しょうがくきん》とアルバイトでお金を貯めてチャンスを探した。見いだしたのがワーキングホリデーだ。18〜30歳《さい》の人なら、海外の長期滞在《たいざい》を認めるビザを取得することで、現地で学ぶだけでなく、働くことも可能になる制度。海外で生活しながらお金も稼《かせ》げるので、ふつうの留学より費用をおさえられる。

「現地で働けば『英語で人とふれあう機会も増やせる』と思いました。ワーキン

生徒の発表を聞く加藤さん

グホリデーで海外に行くときは、滞在《たいざい》先・語学学校・勤め先を仲介《ちゅうかい》する日本のエージェントを通すことが多いのですが、僕《ぼく》はその仲介《ちゅうかい》料も払えそうになかったので、カナダに行くと決めてから、自分で現地の業者を探して交渉《こうしょう》しました」

大学3年生の夏に、1年休学。カナダの一般《いっぱん》家庭にホームステイして、最初の3カ月は世界中から集まった人と語学学校で勉強した。続く半年間は地元のコーヒーショップでもまれ、最後の3カ月は再び語学学校で「英語の教え方」を英語で学んだ。そうして英語力をみがいてから、加藤さんは高校の教師になった。

英語教師に求められることは

教師になると、いろいろな生徒と出会うことになった。運動など別のことが好きで、英語には興味がない生徒。授業を通して、英語の楽しさを知ってもらおうとした。悩《なや》んだのは、受験のために英語を必要とする生徒とのかかわりだ。加藤さんは受験対策の授業をしつつ、受験にとどまらない英語の楽しさも伝えようとした。それはある意味「どっちつかず」であり、受験をがんばりたい生徒に本当に望ましいのか、迷いが生じたのだ。英語教師って何を教えればいいんだろう？

生徒のやる気が高まるように

答えを示してくれたのは生徒たちだったという。英語のどこでつまずき、この先どんなことがしたいか、話を聞いて参考になりそうな学習方法を授けていくと、英語嫌《ぎら》いの生徒まで「楽しくなってきた」そうで、進んで勉強するようになり、すると受験でも結果を出したのだ。

「『楽しい』と受験の『勉強』は相反するものではなく、つながるものなんだ、と生徒たちが教えてくれたのです」

だからこそ加藤さんは、「海外の人と英語でやり取りする楽しさ」も生徒に届

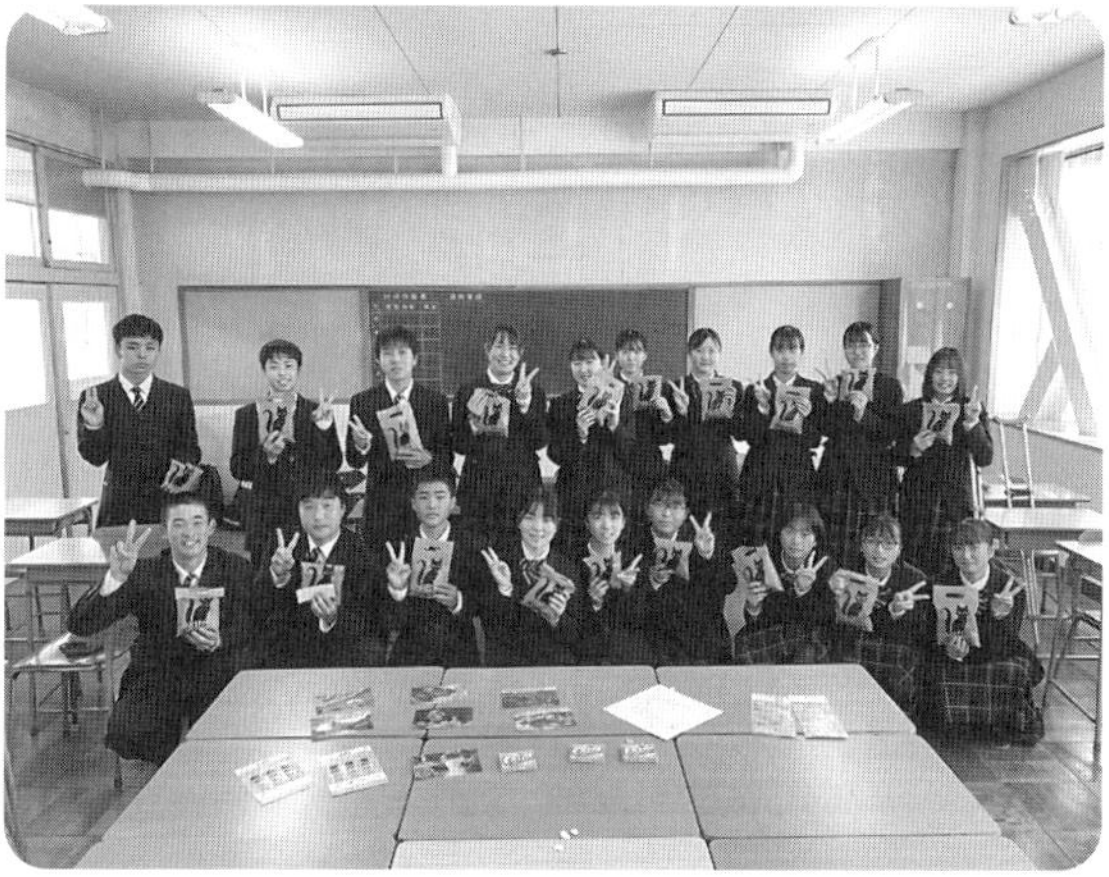

国際交流プログラムでは、アメリカの高校生とお土産交換もした
取材先提供（以下同）

けようとした。英語教師として、国際交流プログラムに応募《おうぼ》。日本とアメリカの高校生が半年間にわたってメッセージやビデオをやり取りする活動を授業に取り入れた。結果は上々。なかでも、ある女子生徒が寄せてくれた声が、加藤さんは忘れられないという。彼女《かのじょ》は自身の変化をこんなふうに語ってくれたのだ。

「英語が嫌《きら》いすぎて放置していたのに、大好きになりました。知り合えた子とは今も連絡《れんらく》を取っています。自分に外国の友だちができるなんて思ってもいなかった。大人になったら会う約束《やくそく》もしているので、英語もちゃんと勉強します！」

加藤さんの昔と今の学び

Q どんな子どもだった？

くそ真面目《まじめ》でした（笑）。中３の受験期に休み時間も勉強し、友人に「それじゃ人生つまらんぞ」と言われ、カチンときたことも。おかげで奮起《ふんき》してがんばれたので、今では感謝しています。

Q 英語をどのように勉強していた？

英語は好きでしたが、単語の暗記が苦手で、得意ではなかったんです。性に合っていたのは、英単語の語源を調べて芋《いも》づる式に覚えるやり方。英会話の力は、大学生のときにカナダに行ってから伸《の》びました。ただ、教員の視点でいうと、中高で文法や単語を学んだことが英会話の土台になったとも感じています。

Q 好きだった教科や活動は？

中学から大学までバドミントンにも熱中しました。勉強で好きだったのは世界史。テスト範囲《はんい》の歴史について縦や横のつながりを一枚の紙にまとめ、情報を関連づけて覚えていました。

Q 今は何をどう学んでいる？

英語を学び続けています。通勤時間に英語の音声放送を聞き、国連英検の勉強もしたり。無理をしているのではなく、英語学習が趣味《しゅみ》なんです。コンフォート（居心地のよい）ゾーンにとどまらず、新しいことに挑戦《ちょうせん》することも大事にしています。

英語教師の専門性

Q どうすればなれる?

英語教師の教員免許《めんきょ》が取れる大学の学部（教育学部・外国語学部・国際教養学部など）で、自分の英語力にみがきをかけて、英語の教え方についても学ぼう。

そのうえで、公立学校の教師を志望するなら、都道府県や政令指定都市ごとに行われる教員採用選考を受けよう。あるいは、私立学校の教師をめざすなら、各校の採用選考に挑《いど》もう。

Q 何を勉強しておくとよい?

加藤さんは、単語当てを楽しめるアプリを授業で使うなど、ICT（情報通信技術）もフル活用している。ICT を使えると国際交流もしやすくなるので、できる範囲《はんい》でなじんでいこう。

Q ほかに大切なことは?

留学やワーキングホリデー、海外旅行、国際交流の活動などを通して、異文化の人とかかわる楽しさや、英語でコミュニケーションを取る楽しさを、まずは自分がたくさん味わっていこう。

めざせ、自分のレベルアップ！

英語力	英語体験	学び続ける

PICK UP

語学への興味や意欲を高める英語

相手のレベルに合わせた会話ができるように

英語教師はいろいろな子どもに対して、外国語の学習すなわち「語学」のサポートをする。海外や英語のことに興味のある子どもから、受験のために勉強している子どもや、学校で授業があるから仕方なく学んでいる子どもまで。そんなふうに「意欲に差がある人たちと向き合う」のは、英会話の講師や、日本語学校で日本語を教える教師も同じだ。そうした語学の先生に求められる英語力といえばなんだろう?

英語教師の加藤さんは、**即興《そっきょう》で話せる**こと、なおかつ**わかりやすい表現や単語にその場で言い換《か》えて話せる**ことが大事だと感じている。

「授業で生徒と英語でやり取りするときは、相手の英語力に合わせて、使う英語のレベルを瞬時《しゅんじ》に考えて話します。生徒が言葉に詰《つ》まれば、話の流れから推察してこちら

■ 外国語の学習をどうサポートする？

英語で○○したいという学びのモチベーションとなるものを育てる	英語の４技能 話す・聞く・書く・読むのスキルの向上を後《あと》押《お》し
＊国際交流する楽しさを共有 ＊英語を読む・聞く楽しさを共有（本、音楽、映画、ニュースなど） ＊英語で発信する楽しさを共有（英語での発表や動画作成など） ＊真《ま》似《ね》たくなるかっこいい話し方	＊構文・文法・単語のレクチャー ＊スピーキングのポイントを伝授 ＊リスニングのポイントを伝授 ＊ライティングのポイントを伝授 ＊リーディングのポイントを伝授 ＊効果的な学習方法の紹介《しょうかい》

から単語を言い足し、さらに生徒の発言を引き出したり。教師が即《そっ》興《きょう》力を高めるほど、生徒も英語のコミュニケーションを楽しめると思うのです」

話し方や読解・作文の指南役として

ネイティブのような発音ができることも武器になる。加藤さんは中学生のとき、ある先生の英語の発音が本格的でかっこいいと感じ、真《ま》似《ね》て練習したことがある。だから「『英語ってかっこいい』と生徒に感じさせることが『学んでみたい』と思う動機のひとつになる」ことを知っている。実際、初対面の生徒たちに、発音も大事にして英語で自己紹介《しょうかい》すると、その後の食いつきが違《ちが》ってくるという。

英語の構文（文章構造）や文法、単語を使いこなして読解や作文ができること、いわゆるリーディングとライティングの十分な技能も必要だ。特にその力が問われるのが、生徒に学習の課題を出すときや、生徒の英作文を添削《てんさく》するときだという。

「課題づくりや添削《てんさく》では、今後はＡＩ（人工知能）の活用も増えると思います。それでも、生徒の読む力や書く力を高めるために、何をどのように問い、どこをチェックするか、おおもとの方針を考えるところは、当面は人間の役割だと思うのです」

英語のもつ可能性について実感を込《こ》めて語れるように

英語（または外国語）で何かに挑戦《ちょうせん》する経験も、今のうちから重ねておこう。

加藤さんは大学生のとき、英語を学びたい日本人と、日本語を学びたいアメリカ人が、オンラインでコミュニケーションを取ってたがいの作文を添削《てんさく》する、という無料のサイトを見つけ、トライした。そこで知り合ったアメリカ人女性とは、なんとカナダのワーキングホリデー中に実際に会えたという。ワーキングホリデーでは、ホーム

カナダでホームステイしたホストファミリーと

ステイ先の家族から、地元の大学生、バイト先のお客さままで、さまざまな人に自分からかかわった。帰国後は外国人がよく来るカフェでアルバイト。教員になってからは国際交流プログラムを授業に導入し、国連英検にも挑《いど》もうとしている。

「英語について自分のストーリーをもつ人のほうが、英語の多面的な魅力《みりょく》を生徒に届けられると思うのです。だから僕《ぼく》自身、これからも英語を使っていろいろなことにチャレンジしたいです。**『英語ができると世界が広がるよ、こんな楽しいことがあるよ』ということを、身をもって示せる**人でありたいと思っています」

語学サポート編

日本語《にほんご》教師

海外もしくは国内の日本語学校などで、日本語を母語としない人たちに日本語を教える。日本語を使って日本語を教えるのが基本だが、英語など外国語もできると生徒への助言をしやすくなる。英語を使った指導法まで学べる、文化庁《ぶんかちょう》指定の「日本語教師養成講座」（420時間）なども用意されている。

児童英語講師

幼児から小学生までの子どもに教える。子ども英語教室や小学校で活躍《かつやく》。

外国語教師（英語以外）

中国語や韓国《かんこく》語、フランス語やドイツ語などを専門に学び、教師になる。

英語塾《じゅく》講師

おもに小中高の子どもを対象に、塾《じゅく》の講師として英語学習をサポートする。

英会話講師

ビジネス向けや留学向け、旅行向けなど目的に沿った英会話学習をサポート。

こんな仕事もある!

留学コーディネーター

留学やワーキングホリデーで海外に行きたい高校生や大学生、社会人の相談にのり、現地の滞在《たいざい》先や学校、行き帰りの交通手段などを手配する。留学サポートをする会社で働いているのが一般的《いっぱんてき》だ。海外で学ぶことのよさを体感した人が、その体験をより多くの人に味わってもらおうとしてなることが多い。

国際文化交流団体職員

音楽やスポーツなど文化を通じた国際交流をする団体でイベントや発信を行う。

英語教材開発スタッフ

出版社やアプリ開発会社で、英語教材や英語学習アプリをつくる。

国際教養学部教授

外国語を使って、世界各地の政治や経済、文化や思想、言語などを研究する。

外国語学部教授

学生の外国語の学習を支えながら、その外国語を使って各国の研究も進める。

10代の挑戦！ 語学サポート編

❶ 友人や後輩《こうはい》に英語を教えてみる

たとえば英語の現在進行形を、まだよくわかっていない人に教えるとき、あなたならどう説明するだろう？　英語の教科書を見ながらでいいので説明の仕方を考えてみよう。自分ではわかっているつもりでも、いざ教えるとなると、文法など基礎《きそ》をしっかり理解していないとむずかしいことがわかるはずだ。

❷ 英語のテストをつくってみる

長文読解や文法問題のある英語のテストを自分でつくってみよう。長文を読み込《こ》んで設問を考えたり、学習した文法をうまく絡《から》めた英文を考えたり。英語を読む力や書く力が十分にあってこそ、テストの問題をつくることができると実感するはずだ。

❸ 英語で楽しいことにチャレンジする

対面やオンラインで国際交流を楽しんだり、海外に行って現地の人とかかわったり、映画やニュースを英語で味わったり。英語を使うことで自分の世界が広がるようなチャレンジをしよう。その楽しさを、いずれはほかの人とも共有していこう。

あとがき

この本に登場したみなさんは、うまくいかないことがあっても英語から逃《に》げ出さず、学び続ける意志をもっていたように感じています。ただ、こう言うと「自分は意志が弱いから無理かな」と思う人がいるかもしれませんが、それはきっと違《ちが》います。なぜなら、学び続ける意志というのは「英語を使ってこんなことができた！」とドキドキワクワクするなかでより強固にしていけるようだからです。そうした、「英語って楽しいな」と思える機会が、あなたにもたくさん訪れることを願っています。

本書をまとめるにあたっては、誌面にご登場いただいた、Ｍｉｙｕさん、土木田彩子さん、神田雅晴さん、小林玲子さん、平林由梨恵さん、戒田和樹さん、加藤耕平さんや、その取材の調整をしてくださったみなさまに、たくさんのお力添《ちからぞ》えをいただきました。この場を借りてお礼申し上げます。ありがとうございました。

著者

［著者紹介］

松井大助（まつい だいすけ）

フリーランスライター。1976年生まれ。編集プロダクションを経て独立。医療・法律・会計・福祉等の専門職から企業や官公庁の仕事まで、多様な職業紹介の本を手がける。教育誌『キャリアガイダンス』（リクルート）では「教科でキャリア教育」の連載を10年担当。著書に『５教科が仕事につながる！』『会社で働く』（ともにぺりかん社）など。

漆原次郎（うるしはら じろう）

フリーランス記者。1975年生まれ。出版社で８年にわたり理工書を編集したあと、フリーランス記者に。科学誌や経済誌などに科学・技術などの分野を中心とする記事を寄稿している。早稲田大学大学院科学技術ジャーナリスト養成プログラム修了。著書に『大学学部調べ 工学部』『大学学部調べ 情報学部』（ともにぺりかん社）など。

なるにはBOOKS 教科《きょうか》と仕事《しごと》

英語《えいご》の時間《じかん》 学校《がっこう》の学《まな》びを社会《しゃかい》で活《い》かせ！〔新版《しんばん》〕

2023年 12月1日 初版第1刷発行

著者 松井大助 漆原次郎

発行者 廣嶋武人

発行所 株式会社ぺりかん社
〒113-0033 東京都文京区本郷1-28-36
TEL 03-3814-8515（営業）
03-3814-8732（編集）
http://www.perikansha.co.jp/

印刷・製本所 株式会社太平印刷社

ISBN978-4-8315-1652-7 Printed in Japan

＊「なるには BOOKS」シリーズは重版の際、最新の情報をもとに、データを更新しています。

【なるにはBOOKS】ラインナップ 税別価格 1170円～1700円

1——パイロット
2——客室乗務員
3——ファッションデザイナー
4——冒険家
5——美容師・理容師
6——アナウンサー
7——マンガ家
8——船長・機関長
9——映画監督
10——通訳者・通訳ガイド
11——グラフィックデザイナー
12——医師
13——看護師
14——料理人
15——俳優
16——保育士
17——ジャーナリスト
18——エンジニア
19——司書
20——国家公務員
21——弁護士
22——工芸家
23——外交官
24——コンピュータ技術者
25——自動車整備士
26——鉄道員
27——学術研究者(人文・社会科学系)
28——公認会計士
29——小学校教諭
30——音楽家
31——フォトグラファー
32——建築技術者
33——作家
34——管理栄養士・栄養士
35——販売員・ファッションアドバイザー
36——政治家
37——環境専門家
38——印刷技術者
39——美術家
40——弁理士
41——編集者
42——陶芸家
43——秘書
44——商社マン
45——漁師
46——農業者
47——歯科衛生士・歯科技工士
48——警察官
49——伝統芸能家
50——鍼灸師・マッサージ師
51——青年海外協力隊員
52——広告マン
53——声優
54——スタイリスト
55——不動産鑑定士・宅地建物取引士
56——幼稚園教諭
57——ツアーコンダクター
58——薬剤師
59——インテリアコーディネーター
60——スポーツインストラクター
61——社会福祉士・精神保健福祉士
62——中小企業診断士
63——社会保険労務士
64——旅行業務取扱管理者
65——地方公務員
66——特別支援学校教諭
67——理学療法士
68——獣医師
69——インダストリアルデザイナー
70——グリーンコーディネーター
71——映像技術者
72——棋士
73——自然保護レンジャー
74——力士
75——宗教家
76——CGクリエータ
77——サイエンティスト
78——イベントプロデューサー
79——パン屋さん
80——翻訳家
81——臨床心理士
82——モデル
83——国際公務員
84——日本語教師
85——落語家
86——歯科医師
87——ホテルマン
88——消防官
89——中学校・高校教師
90——動物看護師
91——ドッグトレーナー・犬の訓練士
92——動物園飼育員・水族館飼育員
93——フードコーディネーター
94——シナリオライター・放送作家
95——ソムリエ・バーテンダー
96——お笑いタレント
97——作業療法士
98——通関士
99——杜氏
100——介護福祉士
101——ゲームクリエータ
102——マルチメディアクリエータ
103——ウェブクリエータ
104——花屋さん
105——保健師・養護教諭
106——税理士
107——司法書士
108——行政書士
109——宇宙飛行士
110——学芸員
111——アニメクリエータ
112——臨床検査技師
113——言語聴覚士
114——自衛官
115——ダンサー
116——ジョッキー・調教師
117——プロゴルファー
118——カフェオーナー・カフェスタッフ・バリスタ
119——イラストレーター
120——プロサッカー選手
121——海上保安官
122——競輪選手
123——建築家
124——おもちゃクリエータ
125——音響技術者
126——ロボット技術者
127——ブライダルコーディネーター
128——ミュージシャン
129——ケアマネジャー
130——検察官
131——レーシングドライバー
132——裁判官
133——プロ野球選手
134——パティシエ
135——ライター
136——トリマー
137——ネイリスト
138——社会起業家
139——絵本作家
140——銀行員
141——警備員・セキュリティスタッフ
142——観光ガイド
143——理系学術研究者
144——気象予報士・予報官
145——ビルメンテナンススタッフ
146——義肢装具士
147——助産師
148——グランドスタッフ
149——診療放射線技師
150——視能訓練士
151——バイオ技術者・研究者
152——救急救命士
153——臨床工学技士
154——講談師・浪曲師
155——AIエンジニア
156——アプリケーションエンジニア
157——土木技術者
158——化学技術者・研究者
159——航空宇宙エンジニア
160——医療事務スタッフ
学部調べ 看護学部・保健医療学部
学部調べ 理学部・理工学部
学部調べ 社会学部・観光学部
学部調べ 文学部
学部調べ 工学部
学部調べ 法学部
学部調べ 教育学部
学部調べ 医学部
学部調べ 経営学部・商学部
学部調べ 獣医学部
学部調べ 栄養学部
学部調べ 外国語学部
学部調べ 環境学部
学部調べ 教養学部
学部調べ 薬学部
学部調べ 国際学部
学部調べ 経済学部
学部調べ 農学部
学部調べ 社会福祉学部
学部調べ 歯学部
学部調べ 人間科学部
学部調べ 生活科学部・家政学部
学部調べ 芸術学部
学部調べ 情報学部
学部調べ 体育学部・スポーツ科学部
学部調べ 音楽学部
学部調べ 心理学部
—— 以降続刊 ——

※一部品切・改訂中です。 2023.10.